Spirituelles Christentum

Herausgeber: Perceval-Institut für Kosmologie und christliche Hermetik

Die Vervielfältigung dieses Werkes – auch auszugsweise - ist nur mit der schriftlichen Genehmigung des Herausgebers gestattet.
Alle Rechte sind dem Verfasser vorbehalten.

Freiburg im Frühjahr 2016

Copyright: Franz Weber 2016
Herstellung und Verlag: BoD Books on Demand, Norderstedt

ISBN 978-3-7412-4115-4

Dem Sonnengeist gewidmet

Spirituelles Christentum

Inhaltsverzeichnis

Seite:

4	Vorwort
6	Einleitung
9	Leben, Tod und Auferstehung
19	Friede, Freude und Gerechtigkeit
25	Glaube, Hoffnung, Liebe
33	Sonne, Mond und Sterne
40	Kunst, Heilung und Kultur
47	Welt, Geld und Geist
56	Geschichte, Gegenwart und Zukunft
65	Ein Nachwort
68	Literaturverzeichnis

Vorwort

Diese hier vorliegende Schrift ist mein 19. Werk. Da es in einem spirituellen Weltbild nicht egal ist, mit welcher Zahl wir es zu tun haben, da Zahlen nicht nur einen quantitativen Wert verkörpern, sondern auch einen qualitativen, wollte ich diese Schrift mit der Zahl 19 zusammenbringen. Die 19. Karte in den großen Arcana des Tarot ist die Sonne. Sie steht für Intuition, also für das Einfühlen und Einswerden mit dem Gegenstand der Betrachtung. Die 18. Karte verweist auf den Mond, der den reflektierenden Intellekt verdeutlicht.

So habe ich hier versucht, eine Schrift zu erstellen, die ganz aus dem intuitiven Erkennen geboren ist. Nichts war vorgedacht, alles sollte spontan aus dem Inneren fließen, auch die Titel für die einzelnen Kapitel sind nicht „überlegt" und die Inhalte dafür sind nicht durch ein vorheriges Studium und Recherchieren angesammelt.

Ich schreibe hier Satz um Satz, so wie es mir einfällt, mir innerlich zufällt. Aber auch nicht so, dass ich nur ein Medium wäre für irgend eine Wesenheit, die quasi diktiert. Es sind schon meine Gedanken und Erkenntnisse, die ich irgendwann zusammengetragen und erfahren habe. Teilweise auch angeregt durch andere Bücher und Begebenheiten, die das Leben mit sich bringt.

Die folgenden Inhalte sind dann auch für mich wie ein kleines Abenteuer und recht überraschend, weil ich im voraus überhaupt nicht weiß, was ich schreiben will und kann. Und doch bin ich immer wieder erstaunt, was da alles zum Vorschein kommt, wenn ich mal mit dem Schreiben begonnen habe.

So ergeht es mir auch beim Malen. Farbe um Farbe, Schicht um Schicht wird aufgetragen und dann erscheint allmählich ein Inhalt, eine Idee, ein Werk, das in sich stimmig ist und das dem Augenblick entspricht, in dem es entstanden ist. Die Seele malt sich selbst beziehungsweise sie schreibt sich selbst.

Das geht aber nur, wenn sie sich vorher vorbereitet hat, wenn sie bereit ist, einen inneren Weg zu gehen, bei dem sie versucht, sich mit dem Höheren verbinden zu können. Dabei darf das Niedere, das Falsche und Abgründige nicht verdrängt werden. Die Kunst ist es doch, das anzunehmen was ist und es so zu verwandeln, damit alles einem Höheren dienen kann.

Dies hat Christus vorgelebt, bis in die tiefsten Abgründe ging er hinein, um dorthin sein geistiges Licht verwandelnd und heilend ein-

strahlen zu lassen. Das ist ja der Kern alles Spirituellen, dass es sich wach und erweiternd in die Höhen und in die Tiefen einlassen will. Die menschliche Seele ist viel größer, als uns die Wissenschaft weismachen will. Nur einlassen muss sie sich – eine Reise beginnt ...
Der Weg der Seele in der Erdenwelt ist nicht einfach und manchmal auch recht gefahrvoll. Die irdische Welt, sie zieht und lockt und will die Seele in ihren Bann schlagen. Sie kann sich daher ganz im Materialismus und Egoismus verlieren, muss dafür aber auch die Konsequenzen tragen lernen.
Die Mächte der Finsternis, die heute vermehrt aus den untersinnlichen Bereichen des Irdischen aufsteigen, sie gehen letztendlich irgendwann einmal an sich selbst zugrunde. Davor sollte sich die Seele befreien können – und zwar mit der Hilfe geistiger Wesen und Mächte, die uns Kräfte und Tugenden zukommen lassen, mit denen wir freier, reiner, stärker und reifer werden und mit denen wir dem Finsteren in uns und in der Welt etwas Besseres entgegensetzen können.
So möchte ich dieser Schrift eine Aneignung voranstellen, die mir vor längerer Zeit irgendwo einmal zugeflossen ist, die jedoch für unsere Zeit recht deutlich ausdrückt, auf was es im Wesentlichen ankommen muss, damit wir eine positive Zukunftssicht bewahren können. Der Verfasser davon ist mir leider nicht mehr bekannt.
Für tiefergehende spirituelle Betrachtungen im Geiste eines zeitgemäßen Christentums muss ich hier auf eigene frühere Werke verweisen und natürlich auf die vielen Autoren und Lehrer, die im Geiste eines spirituellen Christentums wirkten und auch heute noch wirken können.

„Wir müssen uns in unseren Zeiten aneignen:
den Sinn für das Untergehende, um es zu erkennen, und den Sinn für das Aufgehende, um es zu pflegen. Die äußeren Weltverhältnisse sind im Untergehen. Das Vergängliche, Zeitliche ist heute im größten Ausmaß im Vergehen. Aber es mischt sich in unsere Zeit auch Aufgehendes. Und die leisen Strahlen der Ewigkeit durch die Risse und Ritzen der zerberstenden Sinneswelt hindurch-schimmern zu sehen, das gibt die Kraft, das Untergehende ruhig dem Abgrund zu überlassen und sich an das zu halten, was aufgehen will."

Franz Weber Ostern 2016

Einleitung

Eine spirituelle Seite, eine „Innenseite" der Welt hat und wird es immer geben. In früheren Kulturen, in der vedischen bis hin zur altägyptischen und antiken griechischen Kultur, war es noch ganz normal, von Göttern und göttlichen Wesenheiten zu sprechen. Oftmals waren die Menschen vergangener Zeiten noch etwas hellsichtig und so konnten sie mit diesen Göttern meistens noch in Verbindung sein, so wie dies zum Beispiel in antiken Überlieferungen oder auch in der germanischen Edda geschildert wird. Diese Götter lenkten die Geschicke der frühen Menschheit mit, das heißt, sie führten und erzogen die „Menschenkinder", in ähnlicher Weise wie dies heute Eltern bei ihren Kindern tun. Irgendwann muss man die Kinder aber freilassen, damit sie selbstständig und erwachsen werden können. Seit der sogenannten Götterdämmerung im Mittelalter trat dies für die westliche Welt besonders ein. Mit der Folge, dass wir die göttlichen Welten immer weniger wahrnehmen, spüren und erkennen können.

An Stelle der direkten Begegnung, die sich früher noch mehr in einem traumähnlichen Zustand äußerte, blieb nur noch der Glaube und die Verehrung, die Andacht an ein überliefertes, traditionelles Gottesbild. Dieses Gottesbild ist im Christentum recht gut erhalten, da die Christus-Wesenheit in einem Menschen, im Jesus von Nazareth, ganz konkret in einem biographischen Zeitabschnitt von den damaligen Zeitgenossen und Jüngern wahrgenommen werden konnte. Doch auch da war es schwierig, den himmlischen, den kosmischen Teil in ihm zu erkennen. Nur noch der irdisch wirksame Heiler, Retter und Reformer Jesus ist oftmals übriggeblieben. Die kosmische Christus-Wesenheit, der Logos, der Schöpfergott in seiner göttlichen Größe kann kaum noch erfasst werden, vielleicht auch darum, weil sich Christus im Mysterium von Golgatha von diesem „großen" Himmel löste, um ganz Mensch werden zu können. Erst nach der Auferstehung und Himmelfahrt wurde sein kosmischer Geist wieder spürbar, zumindest im Pfingstereignis, da in diesem sich die Geistesflammen auf die Jünger-Seelen legten, wo also etwas von diesem göttlichen Geist in den Seelen einwohnen konnte.

Heute können wir uns wieder erneut diesem höheren Gotteswesen nähern, erkennend und glaubend, da ein Wissen und Erkennen auch einen neuen Glauben fördern kann. Der alte Glaube ohne das Wissen

wird zukünftig immer schwerer zu halten sein, da im Zeitalter des Intellektualismus innere Kräfte wie die Hingabe, die Demut, die Bescheidenheit, die Andacht und die Frömmigkeit nicht mehr in Mode sind beziehungsweise auch nicht so leicht zu leben sind.
Der Intellekt beobachtet, analysiert, kombiniert, trennt und schneidet. Damit kommt man in der irdischen Welt gut zurecht, aber nicht in den höheren Welten. Dafür braucht es höhere Fähigkeiten, die der Mensch zukünftig immer mehr zu lernen hat, wenn er sich nicht im Irdischen verlieren will.
Eine Weisheit und Liebe des Herzens ist gefragt, die dem Verstand eine neue Richtung geben kann. Die spontane Weisheit quillt aus dem Herzens-Raum, wenn wir uns dafür öffnen können. Der Verstand ist dabei nur noch Beobachter und „Verwalter"; er dominiert nicht mehr, er ordnet sich unter, damit Intuition, damit eine intuitive Erkenntnis geschehen kann.
Manch einer möge hier vielleicht einwenden, dass diese „Herzens-Inhalte" wohl nur subjektiver und phantastischer Natur sein können, da ohne Ratio, ohne Intellekt man zu leicht ins emotionale Treiben hineinkommen kann. Doch die Herzens-Weisheit, die aus dem Herzen der Welt entströmt, sie ist objektiv und subjektiv zugleich, denn das Herz ist Zentrum und Umkreis, es ist Mitte, Kern, es enthält unser wahres Ich, das sich aber auch im großen Ganzen, im kosmischen All wiederfinden kann.
Die Herzens-Weisheit entströmt einem Ich, das sich weitet in die Welt, das sich öffnet für das All und in sich selbst den göttlichen Funken gewahr werden kann. Dies ist der Weg, den ein spirituelles Christentum lehrt und beschreiten will. Auf diesem Weg hat sich das kleine, das niedere Ich zu wandeln, hin zum wahren, zum höheren Ich des Menschen, das ein „Teil", ein Aspekt, ein Funke des göttlichen, des Christus-Ichs ist.
Christus ist das Welten-Ich, in dem alle menschlichen Iche ihre geistige Wurzel und Grundlage haben. Und so begleitet die Christus-Wesenheit die Menschheit vom Urbeginne an und wird so lange bei ihr sein, bis auch der letzte Mensch sein Erdenziel und damit sein Entwicklungsziel erreicht haben wird.
Ein spirituelles Christentum versucht diese Christus-Wege nachzuvollziehen und ihnen nachzufolgen. Dabei ist das Mysterium von Golgatha ein Zentral-Ereignis, bei weitem aber nicht alles. Das fortschreitende Christus-Wesen bringt immer wieder neue Impulse in

die Menschheit hinein, für die es sich lohnt, wach und aufnahmefähig zu bleiben. So vor allem in der heutigen Zeit, um den gewaltigen Untergangs-Tendenzen einer materialistisch und egoistisch gewordenen Kultur, neue Auferstehungskräfte und Impulse einzuverleiben, die in und durch die sogenannte Wiederkunft Christi möglich geworden sind.

Darauf im Einzelnen einzugehen, würde den Rahmen dieser Schrift jedoch bei weitem sprengen. Dafür gibt es anderweitig entsprechende Literatur.

Hier werden zunächst grundlegende Gedanken angesprochen, die eine Erweiterung der traditionellen und herkömmlichen christlichen Lehren bewirken können. Ohne eine spirituelle Seite des Lebens bleibt doch alles sehr im Äußerlichen verhaftet. Diese äußere Seite ist natürlich auch wichtig, zur Ganzheit jedoch gehört das innere Leben mit dazu.

Sicherlich wurde diese innere Seite in früherer Zeit in der Mystik, in mönchischer Askese und Weltflucht auch gelebt. Nur mit dem aufkommenden Rationalismus geriet dies oftmals ins Hintertreffen. Deshalb geht es heute vor allem auch darum, das rationale Bedürfnis nach Wissen, Klarheit und Vernunft mit dem inneren Wesen und Vermögen, mit der spirituellen Dimension des Seins zu verbinden.

Dafür wollen die nachfolgenden Kapitel einige Anregungen liefern. Der spirituelle Strom, auch im Christentum, war immer lebendig, mal erhaben und groß, mal versteckt und verfolgt, mal im Geheimen und recht klein, dann wieder mit neuem Schwung durchzieht er die Zeit, um Impulse in die Gesellschaft einbringen zu können, die den Untergangs-Tendenzen etwas entgegensetzen, die Mensch und Welt in einem humanistischen, in einem guten Sinne weiterbringen können.

In diesem Sinne mögen die folgenden Abschnitte eine Bereicherung für das innere Leben bedeuten, damit auch das äußere Leben eine neue Richtung und Wegweisung erfahren kann. Denn schließlich geht es darum, dass Inneres und Äußeres wieder eine Einheit bilden, dass auch der Glaube, also ein aktives, geistiges Innenleben und die Erkenntnis, das Wissen von und in der Welt sich gegenseitig ergänzen und befruchten können.

Aus dem Glauben erwächst ein höheres Erkennen; das Wissen und Erkennen erhält durch den Glauben eine Beseelung und Befeuerung. Kopf und Herz mögen sich dabei verbinden und versöhnen. Daraus erwächst ein spirituelles Christentum, das seine Religiosität nicht mehr ohne das Denken und ohne Vernunft, also ohne eine Wissenschaft zu leben braucht. Nur muss sich die Wissenschaft auch öffnen können für Bereiche und Sphären des Seins, die wir mit den leiblichen Sinnen nicht mehr wahrnehmen können.

Um in die seelisch-geistigen Innenwelten wach und bewusst eintreten zu lernen, braucht es neue Fähigkeiten, ein erweitertes spirituelles Denken und eine Herzens-Arbeit, die sich in Demut, Bescheidenheit und Hingabe üben kann.

Dazu mögen die folgenden Kapitel eine Hilfestellung bieten und zu einer erweiternden Sichtweise anregen.

Leben, Tod und Auferstehung

Ein Durst nach Leben, nach bewegenden Erlebnissen kann heute überall verstärkt wahrgenommen werden, selbst in spirituellen Kreisen. Es scheint, man hat genug vom Lernen, vom Studieren, vom Wissen und den Gebärden des Verstandes – man will erleben, das Leben spüren, auch das innere, mit allen Sinnen und ganzem Sein.

Doch wie schon Buddha sagte, ist es der Durst nach Dasein, der das Leiden schafft. Lust und Leid sind Polaritäten, die in einer dualistischen Welt einfach zusammen gehören. Frühere Geistesströmungen bemühten sich daher, die Anhaftung an das irdisch-sinnliche Leben zu überwinden.

Aber auch da wird oftmals das Verstandesmäßige, das die Welt kategorisiert und ordnet, als etwas Negatives angesehen, da dieser Verstand erst einmal nur in der irdischen Welt nützlich ist, nicht mehr aber in übersinnlichen Welten, aus denen das wahre, unvergängliche Sein entströmt. Verstandeswissen vermeidet und verschmäht das „echte" Leben; entweder „denken" oder „leben", man meint, sich entscheiden zu müssen. So wird leider immer noch nicht recht gesehen, dass man mit einer solchen Einschränkung immer noch einer dualen Betrachtung unterliegt, wo die Pole als Gegensätze gesehen werden und nicht als Ergänzungen.

Wissen schadet ja dem Erleben nicht. Bereite ich mich gedanklich auf etwas vor, zum Beispiel auf eine Urlaubsreise, ein Theaterstück oder auch auf einen Spaziergang in der Natur mit dem nötigen Hintergrundwissen, so wird mein Erleben tiefer und reicher werden, als wenn ich ohne Vorbereitung, ohne Wissen einfach drauflos laufe. Vielleicht sind die spontanen Momente nicht mehr so stark, doch man sieht mehr, feiner und einleuchtender, das können wir immer wieder erfahren.

Auf der anderen Seite können wir bemerken, dass dieser „Run" in die Erlebniswelt seine Schattenseiten zeigt. Die Menschen suchen immer stärkere Reize und Extreme. Das Kleine, Zarte und Feine wird kaum mehr wahrgenommen. Weltweit nehmen die Todeskräfte sehr stark zu. Ist das vielleicht der Ausgleich zum Hunger nach dem Leben? Verbrauchen wir dieses Leben vielleicht viel stärker, wenn wir nur noch genießen und uns am Leben berauschen wollen?

Wer das Leben kennen lernen und es schätzen will, der darf den Tod nicht scheuen. Heute will sich ja niemand gerne freiwillig und bewusst mit dem Tod auseinandersetzen. Man flieht in das Leben hinein, verdrängt und bekämpft das Kranke und Sterbende, schafft insgesamt gesehen dadurch aber nur noch vermehrt das Tote, das Leben-verneinende – in der Natur wie im sozialen Leben der Menschheit insgesamt.

Deshalb sind wir auch vom Welten-Schicksal aufgefordert, uns verstärkt mit dem Toten, mit dem Tod auseinander zu setzen. Sicherlich, unsere Naturwissenschaft hat eine Perfektion mit dem Toten, mit dem Mechanischen, mit der Materie erreicht. Können wir aus dieser Wissenschaft heraus auch das Lebendige verstehen? Wohin entschwinden die Lebenskräfte unserer Erde immer mehr? Wüsten nehmen zu, die Böden mineralisieren, Landschaften veröden oder werden zubetoniert. Der Tod breitet sich aus. Kann uns dieser ein Wegweiser sein zum Leben?

Ist nicht jeder Frühling ein Wunder des Lebens, wenn aus kahlen und spröden Zweigen neue Knospen und Blüten hervorsprießen und ist nicht auch der Herbst und der Winter von einer andachtsvollen Stimmung umwoben, die in den sicht- und fühlbaren Sterbeprozessen der Natur die Seele in ein fernes Land verklärt, die vielleicht in eine andere Welt verweisen wollen?

Der biblische Lebensbaum, das alte Paradies schwindet mehr und mehr. Der Baum der Erkenntnis, der in unserer intellektuellen Zeit die Übermacht errungen hat, er verbraucht die Lebenskräfte. Ja, unser Verstandesdenken ist biologisch gesehen abbauend. Daher brauchen wir die regenerativen Kräfte des Schlafes. Wer jedoch die Verstandes- beziehungsweise die Erkenntniskräfte negiert, um nur noch dem spontanen Leben, dem vitalen Sein in der Gegenwart dienen zu wollen, verlässt den Weg, den die Menschheit geistesgeschichtlich nun einmal eingeschlagen hat. Man will ins Paradies, ins Nirvana, in ein reines Sein, in die „ewige Stille" oder wie man dies auch ausdrücken will, jedoch man scheut dabei die Auseinandersetzung mit den Todeskräften beziehungsweise mit den Möglichkeiten der Erkenntnis, die damit verbunden sind.

Den Tod müssen wir annehmen lernen, ihn als Freund ansehen, der uns in Sphären hinein weiten kann, die einem höheren Leben entspringen.

„An dem Holze werden Rosen erblühen". Dies ist ein Rosenkreuzer-Spruch, der darauf hinweist, dass das Tote, das tote Holz, auf dem Christus auf dem Kreuze starb, der Durchgang ist zu neuem Leben.

Den Tod kann man nur überwinden, wenn man ihn annimmt und bejaht. Dabei gilt aber auch, nicht festzuhalten und zu klammern am Toten, auch nicht am Wissen und Alt-Bekannten. Der Tod will uns zu neuen Ufern hinführen. So kann auch unser materialistisches Denken, das die Todesprozesse in der Welt nur noch beschleunigen tut, zu einem neuen Denken, zu einem Denken in lebendigen Kreisläufen und Begriffen heranreifen, in dem wir uns in einem sinnlichkeitsfreien, reinen Denken üben, das nicht mehr von „alten" und allzu sinnlichen Vorstellungen beeinflusst ist. Dann erst kann unser Denken zu neuen Ideen, Vorstellungen und Imaginationen sich erweitern, die wir selbst wählen und ausführen oder die Offenbarungen sind eines höheren Seins.

Eine Pflanze, ein Baum stirbt. Das tote Holz ist Sinnbild für das Alte, das Vorgefasste, für den einseitigen Blick auf die tote Welt der Materie. Darauf wurde der Christus ans Kreuz geschlagen. Unser totes Denken kreuzigt das wahre Leben immer noch und immer wieder. Doch sich diesem Tod freiwillig ausliefern, bedeutet, dass man erkennen kann, dass hinter diesem Tod, dass hinter dem Toten neues Leben ersteht. „Aus dem Kreuze erblühen die Rosen".

Die Pflanze lehrt uns das Leben. Was empfinden wir beim Anblick von totem Holz, was beim Geruch, bei der Farbe und der Form der Rose? Dahinein sich denken und fühlen – Wachstum, lebendige Prozesse denken und erfühlen, von der Wurzel bis zur Blüte und zum

Samen – dies bewirkt eine Verlebendigung des Denkens, ja, ein inneres Erleben ersteht daraus. Dies ist Sinn und Aufgabe der sogenannten Rosenkreuz-Meditation.

Wir müssen also nicht das Verstandesdenken schlecht reden, es negieren und dafür verstärkt in das Leben, in das Erleben der äußeren, sinnlichen Welt eintauchen. Wir können in unserem Inneren, in unserem Denken genauso erlebnisfähig werden, darin das enthaltene Leben ergründen, denn dann braucht man das Leben nicht mehr nur im Äußeren aufsaugen und verbrauchen.

Wir müssen folglich in die Vorstellung hinein, auch in alte und überkommene, und diese erweitern, hin zum lebendigen Begriff, hin zum Typus, zum Prinzip und hin zur Idee, die allen Erscheinungen zugrunde liegt. Da hineinschlüpfen, sich einfühlen, Empathie entwickeln mit allem, was uns umgibt, mit den Ideen der Welt und damit auch mit dem Sterben.

Was ist das Prinzip, was ist die Idee des Sterbens, des Todes und schließlich, von welchem Wesen geht dies aus? Dies sind Bereiche in die wir mit einem erweiterten Denken, mit einem Denken, das sich zu einem tastenden und „sehenden" Organ ausgebildet hat, das sich bis zu Imaginationen, das heißt zu geistigen Bildern steigern kann.

Doch dem Tod ins Auge zu blicken, erfordert viel Mut. Meist schauen wir mit dem gewöhnlichen, äußeren Menschen in die Welt. Dieser ist oftmals ängstlich und feige und nur nach Sicherheit und Wohlsein bedacht. Die Angst, dem Tod bewusst entgegen zu gehen, kommt vom niederen Ich. In unserem inneren Wesen sind wir stark. Dieses innere Wesen, dieser innere Kern wird aber erst im Tode frei. Darum ist der Tod letztendlich unser Freund, denn er beschenkt uns mit unserem höheren Ich, mit unserem wahren Sein und Leben.

Wer wirklich leben will, wer das Leben erlernen will, muss daher immer wieder bereit zum Sterben sein. Dafür schenkt uns das Leben in der irdischen Welt immer wieder Gelegenheiten, vor allem in Krisen- und Umbruchzeiten, davon Gebrauch zu machen. Wir dürfen daraus lernen.

Erkenntniskräfte, also auch unser Wahrheitsstreben, sie bauen biologisch gesehen ab. Das Denken verbraucht Lebenskräfte. Das ist das Resultat vom Erkenntnisbaum, dem Gehirn- und Nervengeflecht auf der biologischen Ebene. Doch der Erkenntnisbaum, das begriffliche Denken, kann sich erweitern, kann sich dem Leben öffnen. Der Lebensbaum ist biologisch in den Stoffwechsel- und Fortpflanzungskräften angezeigt. Die Vermittlung zwischen Erkenntnis und Leben, zwischen Nervensystem und dem vitalen Stoffwechsel bildet das Herz, das Herz-Kreislaufsystem. So ist es sinnvoll und der Übung wert, das Denken des Hauptes mit dem Lebensstrom im Herzen zu verbinden. Ein sogenanntes Herzdenken ersteht daraus. Dieses lernt das Schauen der „Zwischenräume", der feineren Qualitäten und das liebende Denken zu allem was ist. Eine denkende Liebe und ein liebendes Denken dürfen wir erüben und ausbilden lernen. Das sind die farbigen Rosen, die am toten Kreuzes-Holz, am Verstandesdenken, erblühen.

So kommt der Erkenntnis- und der Lebensbaum allmählich wieder zusammen. Der menschliche Leib macht es vor, seelisch müssen wir das in uns selbst bewältigen. Die Verstandeskräfte des Hauptes, die Triebkräfte der Lebenssphäre und die empathisch-einfühlenden Herzens-Kräfte, die erst zusammenführen, läutern, reinigen und ausgleichen können, sollen schließlich eine Einheit sein.

Der Tod und das Leben sind letztlich eines nur. Solange wir noch in Dualismen denken, wird das Wissen, der Verstand noch gegen das Erleben, noch gegen den Trieb gesetzt. Oder man pendelt hin und her. Je mehr Kopf, um so mehr Bauch und umgekehrt. Die Instanz, die erst wirklich verbinden und ausgleichen kann, ist das Herz. Dieses wird oftmals vergessen.

Die Mitte vermittelt zwischen Leib und Geist, zwischen Erde und Himmel, zwischen Welt und Gott. Hier, in dieser Mitte sind wir frei, denn die Liebe, die dem Herzen entspringt, sie lässt frei, wenn sie in eigener Verantwortung sich mit der spontanen Weisheit verbinden kann. Die Weisheit des Herzens vermag es, in größeren Zusammenhängen zu leben und zu fühlen. Nur wenn wir diese Mitte, wenn wir unsere Herzens-Kräfte vernachlässigen, können die extremen Pole, das einseitig Verkopfte oder das emotional Triebhafte, so stark zur Erscheinung kommen.

Doch wie finden wir die Kräfte der Mitte, der Herzens-Liebe? Es gilt, Freude in Liebe zu verwandeln. Liebe ist nach außen strömende Freude. Freude am Anderen, an der Welt, an Gott, das ist Liebe.

Nur wenn wir den Tod vom Leben trennen wollen, wirkt er ertötend. Wenn wir ihn mit dem irdischen Leben in Einklang bringen, wenn wir ihn nicht verdrängen, sondern annehmen und achten, kann er uns zum höheren Leben hinführen, zum Leben der Auferstehung, das mehr ist als das alte Leben, denn dieses neue Leben ist nicht mehr vergänglich, es hat keine Biologie, hat also auch kein Werden und Vergehen mehr, denn es ist „ewig". Die Ewigkeit unterliegt nicht mehr dem Auf und Ab in der Zeit, kann aber in der Zeit immer auch als „Einschlag", als Geistesblitz, als friedevolle Stimmung, als Inspiration und Einfall erscheinen, wenn wir im Fluss mit der Zeit zu leben beginnen. Dabei offenbart die Ewigkeit in der Zeit ihren inneren Charakter, ihre Qualität, ihr Wesen. Sie drückt der Zeit immer auch noch einen überzeitlichen, geistigen Stempel auf, das heißt, das überzeitlich Ewige kann immer auch in der Zeit, im Hier und Heute, im Moment, im Augenblick verspürt beziehungsweise gefunden werden. So ist die Ewigkeit und die Zeit kein Gegensatz mehr, denn die Ewigkeit ist in der Zeit immanent enthalten.

Gerade das spirituelle Christentum hat durch die biografische Anwesenheit des Christus in einem Menschenleib, im Jesus von Nazareth, die Kunde zu überbringen, dass eine neue Geistigkeit, auch ein neuer Auferstehungsleib, also der Ostergedanke, nicht außerhalb unserer Welt, also außerhalb von Raum und Zeit stattfindet, sondern auch innerhalb von Raum und Zeit. Das ist ja gerade das Besondere am Christentum, dass es Himmel und Erde verbindet, damit eine Schöpfung geschaffen werden kann, die nicht mehr trennt und ausschließt, sondern die alle mitnehmen will, die sich für diesen Schöpfergeist öffnen wollen.

Das menschliche Herz hat die schöpferische Potenz in sich, den Zeiten-Strom, das Strömen des Blutes in sich wahrzunehmen. Doch es hält rhythmisch dazwischen immer wieder inne – Stillstand, um den Kern, die Tiefe der Zeit, also die „Ewigkeit" im Augenblick, das Unvergängliche, Zeitlose wahrzunehmen. Und dann abwechselnd wieder das Fließen des Blutes mit allen zeitlichen Segnungen und Belastungen. Die Herzens-Kraft, sie dringt tief hinein in das strömen-de Blut, in die Fülle des Lebens, geht hindurch, nimmt wahr, gleicht rhythmisch aus und gelangt dahin, wo das Leben pulsiert. Aus dem Herzen selbst pulsiert das höhere Leben und von dort in die Zeit, in den Blutstrom hinein, das diesen immer wieder mit neuem Leben beschenken kann. Dies geschieht heute für den Menschen noch im Unbewussten.

Das menschliche Herz ist aber ein Organ, das erst in zukünftiger Zeit zur vollen Ausgestaltung sich entwickeln wird. Mit einem erhöhten Herzens-Bewusstsein wird sich auch das natürliche Herz wandeln. Es wird immer näher an das menschliche Bewusstsein angepasst. Im

geistigen Herzen findet der Mensch sein wahres Wesen und Sein. Noch arbeitet das Herz naturgegeben, noch haben wir wenig Einfluss darauf. Ein Leben in der Freude und in der Liebe wird unser Herz nähren und fördern, damit es zum wahren Zentrum im Menschen heranreifen kann. Heute sind wir noch sehr vom „Gehirn" gesteuert mit allen Folgen und Auswirkungen daraus. Ein Übergewicht des Gehirns hat jedoch todbringende Folgen, wie dies in unserem Umgang mit der natürlichen Welt gesehen werden kann.
Erlischt der Puls im Herzen, erlischt das Leben. Nicht der Gehirntod ist also entscheidend. Diese Festlegung ist nur der Ausdruck einer materialistischen Kultur. Das höhere, das geistige Leben entströmt dem Herzen. Zieht sich dieses zurück, entweicht mit der Zeit auch das biologische Leben, das wir im eigenen Leibes-Leben spüren und das uns die Kraft zum natürlichen Leben gibt.
Das höhere Leben wird erst gefunden, wenn wir über das biologische Auf- und Ab hinausgehen, wenn wir Leben und Tod gleichermaßen annehmen und diese in einer größeren Einheit verbinden lernen. Das höhere Leben ist vor allem ein geistiges Leben, nicht mehr ein biologisches oder seelisches, nur befruchten und steuern kann es dieses.
Das geistige Leben kann nur im Geiste der Liebe gefunden werden. Lieben heißt Leben und das Wort, der Logos, ist das Leben und das Leben ist das Licht der Menschen. Dieses Licht will in unserem Herzen als Liebe und Weisheit auferstehen.
Doch vor der Auferstehung kommt der Tod. Dies ist in einem spirituellen Christentum so vorgezeichnet.
Eine gewisse Todes-Angst ist natürlicherweise immer vorhanden. Die Angst führt generell gesehen aber dazu, dass wir uns schützen gegen andere beziehungsweise auch gegen den Tod. Gegen diesen will sich jeder Mensch naturgegeben behaupten, schon allein aus Gründen des Selbsterhaltungstriebes. Doch jeder stirbt seinen ganz eigenen Tod und ist beim Überschreiten der Todesschwelle letztlich ganz allein.
Dabei vollzieht sich ein Sterbeprozess in bestimmten Stufen und Äußerungen: in der Angst, in der Sammlung einer Abwehrhaltung, in Empfindungen der Entrüstung, des Jammerns und Flehens, im Hadern und Täuschen und zuletzt im Zusammenströmen all solcher Gefühle in einer Ohnmacht, in einer totalen Kapitulation. Dann erst tritt der Tod ein. Im Todesaugenblick verfällt der Mensch in irdische Bewusstlosigkeit – wie beim Einschlafen. Er entschläft.

Doch dann erwacht eine neue Erkenntnis: Es ist so – man existiert noch, man ist noch da. Eine neue Bewusstwerdung im Jenseits, eine Bejahung und ein Friede kehren ein, die mit einem Erlebnis verbunden sind, das viele, die schon einmal kurz über die Todesschwelle getreten waren, immer wieder berichten. Zuerst ein Tunnel-Erlebnis – ein schwarzer Tunnel öffnet sich in einen weiten, lichten Horizont hinein. Dort findet eine wesenhafte Begegnung mit einem Lichtwesen statt, mit dem Gefühl: „Er liebt mich" und zwar bedingungslos, so wie ich eben bin. Damit beginnt erst eine Ahnung vom eigentlichen Wesen des Menschen. Der Tod bringt uns also die Grunderkenntnis dessen, was und wer wir wirklich sind.

Dieses Erlebnis hatten schon viele „Rückkehrer", die also schon klinisch tot waren und die ihr neues Leben fortan an diesem inneren Erlebnis, an diesem inneren Wesen ausrichten und dies zukünftig meistens ohne persönliche Verstellungen, Illusionen und Selbsttäuschungen, so wie man dies im „normalen" Leben gerne tut.

Letztlich bedeutet die Todes-Angst ja auch eine Hemmung unserer Erkenntnis, mit der wir unser irdisches Leben gestaltet haben, meist fern und verborgen vor unserem wahren Sein. Das seelisch Verborgene, das Unterbewusste, es ist manchmal recht schauderhaft, abstoßend und unbequem. Dem setzen wir uns nicht gerne aus, also aus Angst vor uns selbst. „Ich kann das nicht, obwohl ich eigentlich vieles will ...". So ergeht es uns oft im Leben. Wenn wir immer ehrlich gegenüber uns selbst wären, müssten wir öfters in Verzweiflung, in Resignation und nicht nur in innere Revolten, Zerrissenheiten oder „Komödien" vor unserem höheren Selbst abgleiten. Dabei fühlen wir uns oftmals ohnmächtig und nichtig, leben meistens aber trotzdem die gewohnten Wege weiter, weil eine Veränderung auch im Irdischen schon immer mit einem Sterben, mit einem kleinen Tod oder Verzicht verbunden ist.

Im „letzten" Sterben können wir aber nicht mehr flüchten und ausweichen. Da wird alles offenbar, was wir in uns an moralischen und unmoralischen Kräften tragen. Dies anzunehmen ist nicht leicht. Viele Todeskämpfe entstehen daraus, wenn die Seele sich immer noch nicht zur Ehrlichkeit und Demut hinbewegen kann.

„Mein Leben, das war es. Ich nehme alles so an, wie es ist".
Christus ist da, wo wir am „Kleinsten", am Demütigsten, wo wir am Ende, wo wir fertig sind mit unserer allzu klugen Menschensicht. Sicherlich, die Gegenwart Christi ist immer da, wenn wir durchlässig

dafür geworden sind, wenn wir eine seelische Wahrnehmungsfähigkeit für sein Wesen ausbilden. Diese steigert sich meist jedoch erst, wenn wir selber nicht mehr weiter wissen, dann rufen wir nach Hilfen, dann öffnen wir uns dem höheren Leben. Jedoch auch da gilt: Wir würden Gott nicht suchen, wenn wir ihn nicht irgendwo schon einmal erfahren oder gefunden hätten – in der Kindheit oder auch in einem früheren Leben oder auch im vorgeburtlichen Sein.
Die Seele muss bereit werden, ganz „nackt" und demütig vor Gott hinzutreten. Dies ist eine Erfahrung des tiefsten Seelen-Grundes. Und dann passiert das Unvorhersehbare: „Steh auf", so spricht der Herr. Vor Gott erhalten wir immer eine Gnade.
Nicht passiv müssen wir uns dieser ergeben; Gottes Kraft will in uns zu neuem Leben, zu aktivem Tun und Handeln inspirieren. Ein Wille wird uns geschenkt, letztlich jeden Tag neu, das bringt die Begegnung mit dem Christus mit sich. Und dies nicht erst im Jenseits, auch hier schon im Leben, hier in der Welt kann der Christus-Wille in uns immer stärker werden. „In der Welt habt ihr Bedrängnis, aber fasset Mut, ich habe die Welt überwunden". Aus seiner Welt mit neuen Kräften ausgestattet, lassen sich die Hindernisse und Schwierigkeiten, die das Leben mit sich bringt, überwinden. Daraus können wir Kraft, Mut, eine Erneuerung des Willens, zu leben in der Welt, aber nicht in der Anhaftung und Klammerung an die Welt, sondern aus dem Leben des göttlichen Willens, das heißt, aus den Zielen der göttlichen Welt heraus. Dies macht Sinn, schenkt Freude und Erfüllung, auch wenn der Tod, die Angst, die Zweifel und die Attacken des Lebens uns bedrängen.
Eine Auferstehungskraft durchflutet die Welt. Mit jedem Ostern immer wieder neu. Die Seele und der menschliche Geist kann davon immer wieder befruchtet werden, wenn wir uns dem Christusgeist innerlich zuwenden. Vielleicht ist dies so schnell im Irdischen nicht zu bemerken, doch spätestens nach dem Tode erfährt die Seele diese Auferstehungs- beziehungsweise „Verjüngungs-Kräfte", die sie vor dem sogenannten zweiten Tod bewahren, die den materialistisch ausgerichteten Seelen droht, wenn sie in das Jenseits kommen und dann lange nur vor sich hin vegetieren müssen, bis auch sie sich dem Gottes-Lichte in einem erneuten Erdenleben öffnen können.
Doch wie sieht es mit der Auferstehung des Leibes aus, die in der Bibel verkündet wird und die nur wenige wirklich nachvollziehen und verstehen können?

Der Stoffanteil, die physische Materie des Leibes verwest nach dem Tod, das ist klar. Doch die geistige Essenz, die Matrix dieses physischen Leibes, sie kann nicht verwesen. Sie bleibt bestehen, auch nach dem Tod.

Zwei christliche Priester wurden in einem Interview gefragt, ob die christliche Auferstehung leiblich zu verstehen ist, so dass sich die Gräber öffnen und die Verstorbenen herauskommen, so wie dies biblisch im Bilde beschrieben ist und in einer materialistischen Denkweise auch so verstanden wird. Diese Priester antworteten, dieses Geschehen findet außerhalb von Zeit und Raum statt, somit kann es von unserem Denken gar nicht mehr verstanden werden.

Doch der Auferstehungsleib des Christus ist nicht nur außerhalb von Raum und Zeit zu finden, sondern auch in der Zeit und im Raum. „Ich bin bei euch alle Tage bis ans Ende der Welt". Der Auferstandene konnte durch Wände gehen, er konnte essen und berührt werden, er überschreitet also die Gesetze von Raum und Zeit, wirkt aber auch im Raum und in der Zeit. Das heißt mit anderen Worten, dieser neue Leib verbindet das Ewige mit dem Zeitlichen, das Himmlische mit dem Irdischen, das Jenseitige mit dem Räumlichen, das Göttliche mit dem Menschlichen.

Das ist ja gerade die neue Schöpfung, eine Schöpfungsidee, nach der sich zukünftig alle weitere menschliche und göttliche Entwicklung zu richten hat. Etwas ganz Neues ist entstanden, das es vorher in der Schöpfung noch nicht gegeben hat.

Eine alte Geistigkeit sucht den Geist noch außerhalb von Raum und Zeit. Die Seele muss sich dabei zumeist in Ekstase versetzen, in einen Rausch, damit sie in einem entrückten Zustand mit der geistigen Welt Kontakt aufnehmen kann.

Durch den Christus-Einschlag in das Menschenwesen geht es seither aber um eine Einwohnung der Christus-Kraft beziehungsweise um das Einwohnen des Heiligen Geistes, wie urbildlich an Pfingsten geschehen, nicht mehr um eine Entrückung oder Weltflucht. Der Christus hat sich ganz mit dem Geistigen der Erde und darüber hinaus auch mit der Seelen- und Lebenssphäre verbunden und schließlich auch mit dem menschlichen Leib. Er ist nicht im Jenseits, in einem fernen Himmel zu finden, sondern im feinstofflichen, geistigen Bereich des irdischen Seins.

Bis in unsere Zellen, bis in die Knochen, in die Todeskräfte unseres biologischen Lebens dürfen und können wir seine neue Kraft tragen

lernen. „Christus in uns".
Dies schafft an einem neuen Menschen, an einem inneren Menschen, der erst wirklich eine Ganzheit bildet aus Leib, Seele und Geist, weil Christus alle Glieder und Hüllen des Menschenwesens mit seinem kosmisch-himmlischen Geist befruchtet hat.
Von Jahr zu Jahr, vor allem in der Osterzeit sich steigernd und von Leben zu Leben allmählich wachsend und stärker werdend, dürfen wir in der Hingabe an das Christus-Wesen mit am Erschaffen eines neuen Leibes, eines Auferstehungs-Lichtleibes arbeiten, bis dieser neue Leib so stark geworden ist, dass er die Todeskräfte überwinden kann, damit sich die „Gräber öffnen" und der Mensch nicht mehr zu sterben braucht. Der Auferstehungsleib des Christus wurde von ihm auf Golgatha errungen. Dieser Leib ist Urbild und Prototyp für alle Menschen in der neuen Schöpfung. Darin liegt des Menschen Ziel und Weg verborgen. Dahin kann unser Streben gehen.

Friede, Freude und Gerechtigkeit

Es ist gar nicht so leicht, mit sich in Frieden zu sein. Kein Weltbild und keine Welt-Ordnung kann Frieden und Gerechtigkeit bringen, wenn der Friede nicht in sich und mit sich und dann auch mit den Anderen gefunden wird.
Der Geist des Friedens spricht in den Evangelien: „Euren Frieden lass ich euch, meinen Frieden gebe ich euch". Der Christus-Friede schenkt innere Harmonie, Ruhe, Ausgeglichenheit und Freude. Dieser Friede wird in uns erstehen, wenn wir uns um eigenen inneren Frieden bemühen und uns dem Christus zuwenden wollen. Dazu müssen die inneren Feinde, die Unruhestifter, Zweifler, Verneiner, Nörgler und Maßregler in uns selbst überwunden werden, aber nicht durch Kampf, Streit und Gewalt, sondern durch Erkenntnis, Selbstreflexion und der Liebe zu den guten Geistern, zu den Engeln, zum Zeitgeist Michael, zur göttlichen Mutter und Braut und natürlich zu dem Christus-Wesen selbst.
Doch leicht ist diese Auseinandersetzung, dieser Kampf um inneren Frieden nicht zu führen. Die negativen Mächte und Wesen versuchen

immer wieder aufs Neue, die Berührung und den Kontakt zu den guten Geistern zu verderben und zu vereiteln. Längere Zeit lässt man sich auch noch gerne verführen, weil ja die Zuwendung zum Göttlichen etwas in uns bewirkt, das manchmal recht anstrengend und schmerzvoll sein kann, da dieses eben auch die dunklen Seiten in uns „sichtbar" macht.

Mit diesen hochkommenden seelischen Abgründen in uns müssen wir erst selbst einen Frieden schließen können, dann erst kommt der himmlische Friede hinzu. Das dauert meist seine Zeit, eben so lange, bis wir uns von negativen Verhaltensweisen, Bequemlichkeiten, Eitelkeiten, Machtgelüsten und den vielfältigsten sinnlichen Begierden verabschieden können. Einfach, weil sie nicht mehr befriedigen, weil sie eher fesseln, unfrei machen und uns mit der Zeit auch leiden lassen.

Ist ein Sieg errungen, ist das Niedere bezwungen, so, dass es keinen Raum und keine Neigung mehr in uns findet, wird Freude einkehren, eine innere Freude, die uns ganz durchströmt. Wir freuen uns über uns selbst, wir selbst sind die Freude. Wir haben somit etwas gefunden, was keinen Streit, keinen Missklang mehr in uns selbst erzeugt. Nur das Leid in der Welt, die Ungerechtigkeit, der Hass, die Gewalt und die Ohnmacht, sie bedrücken doch meist noch recht stark; dies kann wiederum Trauer, Kummer, Wut und Trotz erzeugen. So geraten die hehren Ideale und menschlichen Ansätze in der realen Politik und Gesellschaft oftmals sehr leicht in den Hintergrund, außer in schönen „Sonntagsreden", denn gerade im realen Leben sind die dunklen Mächte schwer am schaffen. So wäre eine dauernde Freude ohne das Mitleiden mit der Welt, also ohne Zuwendung und Hilfsbereitschaft, schon etwas „abgehoben". Doch die innere Freude kann immer eine Zuflucht, ein Refugium sein, wie auch der innere Friede, die uns stärken und manchmal auch einen neuen Blickwinkel auf die weltlichen Begebenheiten schenken können.

Gerade in Zeiten, in denen die Welt vermehrt von Streit, Krieg und Verleumdung durchzogen ist, wird das Bemühen um inneren Frieden nicht ohne Segen bleiben. Das spirituelle Christentum verheißt aber keine irdische Welt mit andauerndem Frieden, mit immerwährendem Wohlstand und ewiger Freude und Glückseligkeit. Der seelischen Not, dem irdischen Elend, der inneren Qual und Einsamkeit kann aber ein Segen abgerungen werden und zwar durch das Hineinwachsen in eine Gemeinschaft mit der spirituellen Welt.

Die Gerechtigkeit und der Friede in der Welt wird sich erst wieder vermehren, wenn viele Menschen diese inneren Kräfte, Ideale und Wesen in sich entdeckt haben und nach ihnen zu leben beginnen. Denn die Gerechtigkeit ist eine Kraft, die wir auch in uns erzeugen können. Gerecht zu sich selbst sein, sich nicht verurteilen, aber auch sich nicht verleugnen oder erhöhen, mir zugestehen können, was ich brauche: das Recht auf Selbstbestimmung, auf Freiheit, auf Lebensqualität, auf Friede, Sinn und Entfaltung meiner selbst. Wenn ich mir dies selbst genehmige und für mich wünsche, werde ich es auch anderen zustehen können. Daraus erwächst Gerechtigkeit. Erst dann kann man auch an einer gerechten Welt mit-schaffen helfen.

Oftmals wird an der Gerechtigkeit Gottes gezweifelt. Wieso kann Gott nur dieses Übel zulassen – wird oft gefragt. Doch Gott mischt sich in unsere selbst verursachten Belange gar nicht ein. Denn das Leid haben wir immer selbst bewirkt, zumindest die Ursache dafür in früheren Taten und Ansichten heraufbeschworen. Gott hat nur die Gesetze erschaffen, die in der physischen, wie in der seelischen und geistigen Welt entsprechend wirken. Und für die Seele gilt das Karma-Gesetz, so wie für den Leib die Vererbungs- und Naturgesetze wirken. Der Geist untersteht dem Gesetz der Reinkarnation, das heißt, er taucht von Zeit zu Zeit immer wieder in einen menschlichen Leib ein, um darin neue Erfahrungen sammeln zu können. Und die Seele muss das ausgleichen lernen, was sie in früheren Leben und Zeiten verbockt beziehungsweise nicht fertig bekommen hat und versuchen, vorgeburtliche Entwicklungsziele umzusetzen.

Sicher wird hier mancher Zweifler nach dem Beweis für eine solche Behauptung fragen. Dies ist zunächst ja eine Theorie und mit dem kirchlichen Christentum nicht zu vereinbaren. Wenn man aber die Kirchengeschichte näher betrachtet, sind die spirituellen Werte und okkulten Erkenntnisse erst nach einigen Jahrhunderten in der christlichen Entwicklung nach und nach abgeschafft und verneint worden. Die Menschen sollten damals mehr an die institutionelle Machtkirche gebunden werden, vom ursprünglichen Christentum, also zur Zeit Jesu und direkt danach, ist darin leider nicht viel übrig geblieben. Im Urchristentum gab es zahlreiche Strömungen, wie die Nestorianer, Arianer, Neu-Platoniker, die Gregorianer, Gnostiker und viele mehr. Da waren esoterische Erkenntnisse meistens nicht ausgeschlossen. Zudem ist es niemandem verboten, sich selbst auf den Weg zu machen, um die Wahrheit über frühere Leben und dergleichen mehr heraus zu finden. Dafür gibt es heute verschiedene Methoden und Wege, um eigene Erfahrungen machen zu können. Zumindest können wir aber verschiedene Denkmodelle gelten lassen und schauen, wie sich das Leben verhält und entwickelt, wenn ich diese oder jene Denkgewohnheit mir aneigne. Vieles wird durch eine Reinkarnations-Lehre auf jeden Fall plausibler, zum Beispiel, warum kommt ein Kind behindert, das andere gesund auf die Welt. Und wenn wir wissen, dass wir durch unser heutiges Tun und Lassen die Zukunft selbst mitgestalten, auch in ökologischer Hinsicht, so werde ich mein Handeln verantwortungsvoller und nachhaltiger wählen, schon im eigenen Interesse, denn wir werden in einem späteren Leben die Erde erhalten, für die wir heute die Grundlagen legen.

Und das ist ja nicht ungerecht, auch sonst nicht, weil wir durch das Gesetz von Ursache und Wirkung, durch das: „was du säst, wirst du ernten", einen Modus haben, der für einen gerechten Ausgleich sorgen kann. Aber nicht mehr nur um das „Aug um Auge, Zahn um Zahn" kann es dabei gehen, denn das Karma in einem christlichen Sinne verstanden, soll uns helfen, aus unseren Fehlern zu lernen, damit wir es zukünftig besser machen können. Im christlichen Karma-Wirken geht es zuvorderst um eine Wiedergutmachung, um Verzeihen und Versöhnen, nicht mehr so sehr um Strafe und Genugtuung. Und dann erscheint auch immer wieder die göttliche Gnade, die unser Bemühen erkennt und uns hilfreich Beiseite stehen will.

Somit braucht man sein Schicksal nicht mehr bejammern, auch ein schweres kann zu einem Steigbrett gereichen, bei dem wir am Ende mehr erreicht haben, als in einem Leben, in dem alles auf dem „Silbertablett" dargereicht wird und wir selbst dabei erlahmen. Hindernisse und Schwierigkeiten sind wichtig und gut, weil wir an ihnen am meisten lernen und daran wachsen können.

Erfassen wir diese Gerechtigkeit im eigenen Leben, wird es wiederum leichter fallen, den inneren Frieden in sich zu finden und damit auch die Freude, die ein sinnvolles und bejahendes Leben mit sich bringen kann.

Es gibt jedoch eine Kraft, die über dem Karma-Wirken steht und das ist die Liebe. Begehen wir Handlungen aus selbstloser Liebe, einfach, weil die Liebe sich in barmherzigen Taten in die Welt ergießen will, entsteht kein Karma, keine „Schuld" daraus. Die Liebe macht frei. Ein Leben mit viel schenkender Liebe erzeugt zukünftig ein Leben in Freude und Glück. Den Ärger und das Leid haben wir uns meist selbst „verdient", die Freude wird uns von den Schicksalsmächten geschenkt. Sie ist Ausdruck eines liebenden Wesens, das sich immer weiter entwickeln will und kann, wenn sie die Früchte eigenen Schaffens nicht für sich behalten, sondern der Welt verschenken will.

Manchmal sucht sich eine „liebende Seele" absichtlich schwere Schicksalsumstände, nicht aus eigenem vergangenem Karma, sondern weil sie den Mitmenschen helfen will und für sich dadurch neue Kräfte und Wachstumsmöglichkeiten erwerben kann. So gibt es viele „Opferseelen", die ein Leben wählen, um Anderen helfen zu können, nicht nur aus persönlicher Haftung, um alte Schulden abzugleichen, sondern auch um in der Liebe wachsen und reifen zu können. Diese Helfer-Seelen finden sich in allen religiösen, spirituellen und humanistischen Strömungen, obwohl den wenigsten diese Hintergründe bewusst werden müssen. Sie bringen die Welt wahrhaft voran, nicht so sehr die „Macher und Schaffer", die meistens nur aus Eigennutz und persönlichem Prestige-Gewinn ihr Werk verrichten.

Letztlich steht der innere Friede, die innere Freude und das Gefühl eines sinnvollen Tuns über Status, Besitz und persönlicher Selbstverwirklichung, da diese meist nur neues Karma schaffen, die also zukünftige Wirkungen heraufbeschwören, in einem positiv nützlichen oder schädlichen Sinn, je nach dem, für was wir unser Tun, für welche Handlungsmotive wir uns einsetzen wollen.

Schaffen wir aus dem Geist des Friedens und der Gerechtigkeit, braucht es dafür eine Verantwortlichkeit für das Ganze und eine Selbst-Erziehung, die niedere Beweggründe aufgeben kann. So schaffen wir mit an einer gesunden Welt. Ist die Triebfeder unseres Handelns nur das persönliche Trachten nach Anerkennung, Erfolg, Status und Selbstverwirklichung, tragen wir immer auch die Verantwortung und die Konsequenzen, die sich daraus ergeben, ob wir uns dessen bewusst sind oder auch nicht.

Wer in einem Geist des Friedens und der liebenden Freude sein Leben gestalten will, wird meistens Wege wählen, die ihn in Einklang bringen mit den Wesen und Werten der Natur, wie auch mit dem Schönen, Wahren und Guten im Mitmenschen und in der Welt. Doch nicht um eine egoistische Sehnsucht nach einer reinen und paradiesischen Welt kann es hier gehen, also darum, dass sich die irdische Welt in den Himmel verklärt. Der Himmel beziehungsweise die himmlischen Werte und Maßstäbe, sie senken sich im Bilde des

Neuen Jerusalem, der Stadt des Friedens, wie Jerusalem übersetzt heißt, auf die Erde hernieder, um sich mit dieser zu und in einer neuen Schöpfung vereinen zu können. Nicht um eine Trübung des Geistigen durch das allzu Irdische soll es gehen, so dass man geistige Kräfte benutzt, um im Irdischen noch mehr Erfolg, Macht, Spaß und Besitz zu erlangen, sondern um eine Durchgeistigung des Irdischen, in dem sich himmlische Kräfte in die Menschenseele heruntersenken und damit durch den Menschen der Welt zugute kommen. Dies kann nur geschehen, wenn der Mensch sich dem Geistigen öffnet und sich durchlässig dafür machen will.

Viele Reiche und Erfolgreiche, die „Größen" dieser Welt, die sich gerne selber feiern und ehren, gut, sie können glücklich und bewundernswert in der irdischen Welt erscheinen, auch weil sie viele Möglichkeiten haben, ihr Leben so zu gestalten, wie sie es sich wünschen. Doch ob sie auch den inneren Frieden in sich finden, ist fraglich, weil sie nicht zur Ruhe kommen, immer noch mehr Schaffen müssen, damit die Welt sie nicht vergisst oder auch durch die Angst, dass das Erreichte ihnen einmal weggenommen wird. Ich will hier aber nicht gegen Erfolg und kreatives Handeln in der Welt sprechen. Nur der Geist ist es, also das Motiv, mit dem wir das Wirken in der Welt impulsieren und der kann im Einklang mit dem „Himmel", mit den humanistischen Werten des Menschlichen sein oder nur allzu irdischen Beweggründen entspringen.

Der innere Friede ist nicht von dieser Welt. Er gedeiht in den Gärten der Stille, in den Lüften des Staunens und der Bewunderung für das Heile, Reine und Feine, wie auch in den wärmenden Strahlen der Liebe, zu allem was ist. Dieser Friede kann uns ganz durchströmen, er erfüllt mit einer Freude, die in den Gärten des Himmels als Seligkeit erwächst und deren Blüten und Früchte in unserem Herzen aufgehen und reifen mögen und von da aus der Welt zugute kommen können. Dann wird diese Welt auch zwischen uns, zwischen der Natur und dem Menschen und zwischen allen Menschen immer gerechter werden.

Glaube, Hoffnung, Liebe

Der Glaube versetzt Berge, so steht es in der Bibel. Nun meinen manche, man müsste den Berg abtragen, das seien unsere Fehler und Vergehen, die diesen Berg gebildet haben, um in das Gottesreich gelangen zu können.

Doch der Berg kann auch ein Bild sein für unser materialistisches Weltbild, also auch für die Materie, die uns im Wege steht, so dass wir das geistige Licht, die geistige Welt dahinter nicht mehr schauen können. Der Glaube an eine göttliche Welt, an eine übersinnliche, geistige Welt mit vielen „Wohnungen", vielen Engel-Hierarchien, elementarischen Wesenheiten, Naturgeistern und Göttern öffnet die Seele für diese Welten. Dadurch bleibt zumindest eine innere Verbindung zu diesen Welten bestehen. Und der Glaube an Gott, er schließt diese Welten natürlich mit ein.

Die katholische Kirche beschränkte den Glauben meist auf die heilige Trinität, auf Gott Vater, den Sohn und den heiligen Geist. Maria als Gottesmutter, einige Engel und die vielen Heiligen tragen zudem zur Erhaltung und Erbauung eines gläubigen Seelenlebens bei. Dabei ist eine starke Ausrichtung auf die nachtodliche Welt, auf das Jenseits angesagt. Man lebt ein gottesfürchtiges, gläubiges Leben im Dienst beziehungsweise unter der Obhut der Kirche und im gesellschaftlichen Leben, in der Familie, in der Arbeit und in der Nächstenliebe, damit man im Nachtodlichen, nach dem Fegefeuer zu Gott heimkehren kann, wo der ewige Friede herrscht.

Mit dieser Haltung kann man ein gutes, gottgefälliges Leben bewältigen, vor den naturwissenschaftlichen Errungenschaften neuerer Zeit kann der „mittelalterliche" Glaube meist nicht mehr bestehen. Zu sehr ist man in den Naturwissenschaften in die Biologie beziehungsweise in die Gehirndominanz abgerutscht, woraus alles menschliche Streben entspringen soll. Da werden Gefühlsnuancen als Ausdruck von chemischen Prozessen im Gehirn beschrieben, eine eigenständige Seele kommt darin nicht mehr vor.

Doch andererseits weiß man heute auch, dass gläubige Menschen gesünder sind beziehungsweise eine Krankheit leichter überwinden können, dass der Glaube also auch eine Kraft darstellt, die unser Leben stärkt und heilt.

Der Glaube ist also eine Kraft in der Seele, die das Körperliche durchdringt und es positiv beeinflussen kann. Und er ist eine Kraft, die mit der Gotteswelt verbindet – direkt. Im Glauben sind wir mit dem Göttlichen verbunden, ja, der Glaube ist selbst eine göttliche Kraft. Daher kann er Berge versetzen, den Materialismus, der den Ausblick auf himmlische Welten versperrt und er kann die Sicht wieder frei machen für das, woraus der Glaube entspringt – für die Welt Gottes.

So ist der Glaube eine göttliche Gabe und jeder, der ihn gefunden hat, darf froh und glücklich sein, denn jenen, die ihn verschmähen, ihn ablehnen, vielleicht auch aus gut nachvollziehbaren Gründen, zum Beispiel einer autoritären und anmaßenden Kirche, einer reglementierenden religiösen Erziehung und ähnlichem, haben doch etwas verloren, das ihnen den Ausblick über das irdische Leben hinaus schenken könnte. Dieser Glaube spielt in fast allen Religionen eine Rolle.

Die Hoffnung wird vor allem im Christentum und da besonders bei Paulus erwähnt. Durch das Leben des Christus Jesus auf der Erde, durch seinen Opfertod ist eine erneute Verbindung, ist ein Weg zurück zum Vater entstanden, den vorher nur mehr wenige Geistsucher gefunden haben, meist noch unter Askese, Läuterung und dem Rückzug aus der Welt, wie dies zum Beispiel in östlichen Geistesrichtungen und Schulen, aber auch in mönchischer Einkehr vorgegeben ist.

Durch das Mysterium von Golgatha kann jeder Mensch wieder in das „Paradies" gelangen, so wie dies dem Verurteilten, der mit Jesus am Kreuz gestorben ist, verheißen wurde. Nur das aufrichtige Bekenntnis ist vonnöten, damit die Gnade Gottes walten kann. Dies macht doch Hoffnung.

Was mit dem Begriff Paradies gemeint ist, bedarf einer längeren Ausarbeitung, die hier aber nur sehr kurz angesprochen werden kann. Der Mensch lebte, bevor er auf der Erde erschienen ist, im Paradies, in einem nicht-materiellen Sein in der Sonnensphäre des Alls. Dahin kann die Seele im Nachtodlichen immer wieder hingelangen, wenn sie zuvor das Fegefeuer beziehungsweise das Kama-Loka in indischer Ausdrucksweise durchschritten hat. In diesem Fegefeuer muss sich die Seele läutern, bevor sie in die Sonnensphäre, in das Paradies eintreten kann. Durch die Gnade des Christus kann dieser Durchgang verkürzt werden, da durch ihn eine Loslösung von alten Mustern, irdischen Verhaftungen und Einstellungen viel schneller möglich wird.

Doch die Paradieses-Sphäre ist nicht das Ende der Entwicklung. Die Seele kann nachtodlich noch höher aufsteigen, in weite Sternensphären hinein bis in die Welt des Göttlichen selbst, wo sie einen Impuls empfängt, wieder in das Erden-Dasein hinabzusteigen, um im Erdenleben, nun mit einem neuen geistigen Impuls ausgestattet, weiter an einer Veredelung und Vervollkommnung der Seele arbeiten zu können. Denn noch lange nicht ist die seelisch-geistige Menschheitsentwicklung abgeschlossen. An dieser Entwicklung sollen und wollen wir ja gerne teilnehmen. Jeder Einzelne gehört mit dazu.

Aber nicht mehr ein zu starkes Verhaftetsein im Vergangenem, bei den Fehlern und Versäumnissen, im alten Karma ist mehr ausschlaggebend, sondern der Blick in eine hoffnungsvolle Zukunft, in eine Verheißung, die uns die „frohe Botschaft" verkünden will. Gerade in der protestantischen Kirchenbewegung wird der Blick auf diese Hoffnung ganz besonders gerichtet, weil man sonst im nur Irdischen dem vielen Leid nicht viel entgegensetzen kann. Die Welt ist ein „Jammertal", nur die Hoffnung auf eine bessere Zukunft, auf ein besseres Jenseits lässt die Not und die Aufgaben im Irdischen aushalten beziehungsweise einen Trost schenken. Gott tröstet, in dem er Hoffnung schenkt. „Kommet alle zu mir, die ihr mühselig und beladen seid, ich will euch erquicken".

Die Hoffnung spornt die Willenskräfte an, auch im irdischen Leben nicht zu verzagen, sondern immer auf eine bessere Zukunft hin zu arbeiten. Der Glaube beeinflusst unsere Einstellung, unser Denken dem Leben gegenüber und die Liebe, ja sie ist die Kraft, die den manchmal auch steinigen Weg beschreiten kann – von Innen heraus, vom Herzen aus. Der Herzensweg ist der Weg der Liebe. Er führt ins Zentrum der göttlichen Welt.

„Gott ist die Liebe und wer in der Liebe bleibt, der bleibt in Gott und Gott in ihm".

Dieser Ausspruch des Apostels und „Lieblingsjüngers" Johannes zeugt von einer innigen Gottverbundenheit, so wie diese auch in seinem Evangelium und in seiner Offenbarung zutage tritt. Hier sind die Berge weggeräumt, hier ist die Sicht frei, auch in die Zukunft hinein. Hier wurde der Weg beschritten - der Weg wurde frei, um die Wesens-Sphären und Geistesgründe erleben zu können, die in den geistigen Reichen des Seins beheimatet sind.

Paulus hatte Kontakt, eine Begegnung, er konnte den auferstandenen Christus im Damaskus-Erlebnis schauen. Diese Gottesoffenbarung

leitete von da an sein weiteres Leben. Aus diesem hoffnungsvollen, sich offenbarenden Geist speist sich das evangelische Christentum. Petrus erlebte wie die anderen Jünger in den drei Jahren der irdischen Wirksamkeit des Christus Jesus seine biographischen Taten, seinen Tod, seine Auferstehung bis zur Himmelfahrt. Danach war sein Leben aus dieser Erinnerung und aus dem Glauben an Christus gespeist. Petrus ist der Fels für die katholische Kirche, in der Tradition, Gedenken und Glaube an vorderster Stelle stehen.
Johannes ist der von Christus erweckte Lazarus. Er hatte den Tod erlebt, er war schon über der Todesschwelle und wurde von Christus zurückgerufen. Er hat also eine Einweihung durchgemacht. Dadurch konnte er auch wach und bewusst am Kreuz von Golgatha anwesend sein. Und nur Johannes konnte auf Patmos die Apokalypse empfangen, die Weltentwicklung aus geistiger Sicht erleben, weil er durch seine Einweihung ein „Bürger" zweier Welten geworden war.
Das johanneische Christentum ist das Christentum der geistigen Mysterien. Eine Mysterien-Tradition gab es schon immer in der Geistesgeschichte der Menschheit. Delphi, Ephesus, Eleusis, alte ägyptische Tempelstätten und Pyramiden oder germanische Einweihungsstätten wie die Externsteine zeugen von einer Geistkultur, in der Einzelne auserwählt und geschult wurden, um in die „Anderwelt" hinübergehen zu können. Diese Schulung war streng, geheim und gefährlich und musste von der Außenwelt verborgen bleiben. Das Mysterium von Golgatha ist jedoch selbst ein großes Einweihungsgeschehen, nun aber in voller Öffentlichkeit. Der Vorhang im Tempel zerriss. Der Weg ins Allerheiligste war von nun an offen.
So gab es in der christlichen Geschichte immer auch diesen johanneischen Mysterienstrom, ein spirituelles Initiaten-Christentum, das von der katholischen Kirche leider oftmals bekämpft und als Ketzerströmung gebrandmarkt wurde.
Doch die Liebe kann nicht ausgelöscht und besiegt werden. Sie trägt, verzeiht und verbindet. Dies ist ja vor allem die Aufgabe eines esoterischen Christentums. Gerade in der Ablehnung, in der Verfolgung und Unterdrückung ist die Liebe besonders herausgefordert. „Liebet einander, so wie ich euch geliebt habe" und „Liebet eure Feinde" - das will ja auch erprobt sein.
Die Liebe bewährt sich nicht wirklich in den „Himmeln der Liebe", sondern vor allem in den irdischen, schwierigen Auseinandersetzungen. Und sie hilft dabei, immer auch noch das Wesentliche, das Gött-

liche, das, was nicht von dieser Welt ist, zu sehen. Denn die Liebe ist ursprünglich eine Geisteskraft, sie kann im irdischen Leben auch als seelisches Gefühl erlebt werden, aber zutiefst verbindet sie wieder mit dem Licht des Geistes und mit dem Leben Gottes. Die geistige Liebe erkraftet und heilt, sie verzeiht, verbindet, erhöht, erweckt und erschafft immer wieder neu, sie ist die Schöpferkraft selbst.

Aus dem Wort, aus dem Logos ist alles geworden, in ihm war Licht und Leben. Und das Wort ward Fleisch geworden und hat unter uns gewohnt. Das Leben und das Licht Gottes wurde irdisch, wurde Mensch. Dies ist eine Liebes-Opfertat, die der Logos vollbringt. Das Licht und das Leben Gottes stirbt in die Welt hinein – und die Welt, die Finsternis hat es nicht begriffen. Doch die Liebe verzeiht alles - „Vater vergib ihnen, denn sie wissen nicht was sie tun". Die Liebe des Christus zu den Menschen und zum göttlichen Urgrund vermag es, beide Welten miteinander zu verbinden. Die Liebe ist die Kraft, die eine Auferstehung bewirken kann.

In der Liebe wird alles neu – auch das, was nicht mehr weiterträgt, wird nicht einfach fallengelassen. Wie der Phönix aus der Asche ersteht die Liebe von Neuem, wenn wir den Glauben und die Hoffnung an sie nicht verlieren. Schließlich gehören diese drei Kräfte zusammen, denn sie entstammen einer gemeinsamen Quelle. So gibt es letztlich auch nur ein Christentum, in dem alle religiösen Strömungen ihren Platz finden und haben sollten. Die Liebe beziehungsweise das johanneische Christentum vermag es dabei, alle Religionen und spirituellen Schulen zu würdigen und ihnen den gebührenden Platz zu gewähren – auch den vorchristlich und nachchristlich entstandenen Religionen. Christus ist überall, wo Menschen in ehrlichem Glauben, in guter Hoffnung und bemühender Liebe wirken wollen.

Somit lässt sich insgesamt betrachtet eine Dreiheit in jeglichem christlichen Wirken feststellen, so wie diese auch in der Anektode: Kurze Erzählung vom Antichrist – von Wladimir Solowjew in Erscheinung tritt. Der Antichrist kann darin nur gemeinsam von den drei Vertretern der christlichen Religionen in die Schranken gewiesen werden.

Das katholische Christentum bewahrt im Glauben vor allem das Andenken an den Christus Jesus, wie er in der Zeitenwende in der Menschheit erschienen ist. Daraus entwickelte es seine Dogmen, Traditionen und kultischen Handlungen. Das Mysterium von Brot und Wein belebt im Kultus den Leib und die Seele des Menschen.

Im evangelischen Christentum schaut man vermehrt auf das Heute. Wie kann die frohe Botschaft helfen, eine hoffnungsvolle Zukunft mit zu gestalten? Diese Botschaft in der Welt zu verwirklichen, ist eine Aufgabe, die sich der Christ zu stellen hat.

Das spirituelle Christentum lenkt den Blick vor allem auf den kosmischen Christus und darauf, wie er sich in der gesamten Menschen- und Welt-Entwicklung mit dieser verbunden hat und sie immer wieder neu impulsiert und durchdringt. Und dies bis ans Ende der Menschheits-Entwicklung. Denn die Christenheit hat noch eine weite Zukunft vor sich. Da wird dann das orthodoxe Christentum in verwandelter Form eine größere Rolle spielen, wenn eine zukünftige Kulturepoche mehr im slawischen Raum ein kosmisches Christentum zu verstehen beginnt.

Heute geht es vor allem darum, die Wiederkunft Christi, wie sie biblisch geschildert ist, verstehen und dann auch erleben zu können. Denn diese Wiederkunft ereignet sich bereits. Zwar nicht im Sinnlich-Physischen, dafür im Feinstofflichen, im Lebensgeschehen, im Ätherischen in der Natur und im Menschen. So ruft uns die Zeit ganz besonders dazu auf, sich für das Lebendige einzusetzen, denn dieses wird heute am Stärksten angegriffen von den materialistischen Vereinnahmungen durch die Technik, die Naturwissenschaft und einer egoistischen Lebenshaltung aus „Konsum und Vergnügen". Ja, die Menschheit rutscht immer stärker in die selbstsüchtigen Seelengründe hinab, wenn sie nicht in sich Kräfte finden kann, die den finsteren Mächten, die sich in den ungeläuterten Untergründen des Seelischen anhaften, etwas entgegensetzen können. Diese Kräfte sind vor allem der Glaube, die Hoffnung und die Liebe.

Und die Liebe im Besonderen ist es, die auch das Böse verstehen, wandeln und heilen kann. Denn sie sieht den Christus nicht nur als weltlichen Leidensmann oder als Offenbarer göttlicher Weisheit und Tugend, sondern auch als kosmisch-geistiges Wesen, als Schöpferkraft, als Logos, der im Einklang, in der Einheit mit und in der göttlichen Trinität alles Sein belebt, ordnet, führt und gestaltet. Dahin dürfen wir unsere Liebe wenden.

Der Christus ist viel größer als unser menschliches Bewusstsein dies zu erfassen vermag. In früheren Kulturen wurde er als Sonnengeist verehrt. Ja, die spirituelle Wissenschaft lehrt, dass sich der Logos aus dem weiten All allmählich immer mehr „verdichtete" – bis hinein in den Menschen Jesus von Nazareth. Verdichtung heißt Opfer und

Schmerz. Im Menschen Jesus verzichtete das Gotteswesen aber allmählich ganz auf seine göttliche Macht. Er wurde ohnmächtig, wie ein Mensch nur werden kann. Als menschgewordener Gott kann er uns Menschen ganz verstehen und annehmen. Als Mensch ging Gott durch den Tod. Die Götter und Engel-Hierarchien kennen ja keinen Tod. Christus konnte durch diesen menschlichen Tod ins Jenseits, bis ins Höllische eintreten. Seither kann er auch den verstorbenen Seelen sein Licht bringen. Bis in die finstersten Höllenbereiche kann das göttliche Licht erbarmend einstrahlen. Und als Auferstandener bleibt er immer auch noch mit dem Menschenreich verbunden, im Diesseits wie im Jenseits. Durch diese gewaltige Liebestat des Christus wurde ein göttlicher Keim in jedes Menschen Seele gelegt, als schöpferische Potenz, die im Menschen zu wachsen beginnen kann.

In unserer Zeit will dieser Gottesfunke den Menschen wieder mitnehmen in kosmische Sphären hinein, das heißt, der Mensch soll allmählich aus seiner leiblich-irdischen Verhaftung wieder mit herausgeführt werden können. Zunächst in die Lebenssphäre, in die Welt des Ätherischen hinein, in der die Christus-Wesenheit in seiner Wiederkunft schon auf uns wartet.

Diese Lebenssphäre ist heute, wen wundert es, besonders angegriffen. Unsere Nahrung, als Beispiel, verliert durch industrielle Anbaumethoden, durch chemische Dünger und technische Verarbeitung sehr viel an feinstofflichen Lebenskräften. Nichts ist heute nötiger als eine Wissenschaft des Lebendigen. Am Toten haben wir lange genug geforscht.

Wir wachsen in die Sphäre der Wiederkunft Christi hinein, in die „Wolken", auf denen er wiederkommen wird, wenn wir die „Wolken", das heißt, das Ätherische, das Lebendige, das Chi, das Prana, das Orgon, das Od, die Lebensbildekraft studieren, so wie diese Lebenskraft in verschiedenen Kulturen genannt und beschrieben wird. Christliches Wirken hört eben nicht im Menschen auf. Alle Kreatur, alle Natur, ja, die ganze Erde mit ihrer Lebens-, Seelen- und Geistessphäre wird von seinem Geist durchzogen und dadurch im Laufe der Entwicklung neu belebt.

In späterer Zeit wird dann die Seelensphäre und dann noch später auch der ichhaft geistige Bereich des Mensch- und Erdenseins von ihm durchdrungen, ähnlich wie er auf Golgatha den irdischen Leib den Todesmächten entreißen konnte.

Gehen wir in unserer Liebe mit dem Christus durch alle Zeitenkreise und zukünftigen Erfordernisse, so wird er uns immer führen und befruchten können, denn er schenkt uns dabei immer wieder den Glauben, die Hoffnung und die Liebe, die alles Sein durchdringen und erhöhen wollen.

An diese fortwährende Liebes-Opfertat des Christus soll und kann uns das Mysterium von Brot und Wein immer wieder erinnern. Im kultischen Brot und Wein, in der sakralen Handlung im christlichen Kultus, ziehen kosmisch-geistige Kräfte in die irdischen Substanzen und durchdringen sie, auf dass nicht nur der Mensch, sondern die ganze Erde allmählich von seinem Geist verwandelt wird. Dem sterbenden und untergehenden Erdenplaneten wird somit eine Himmels- und Sonnenkraft einverleibt, auf dass aus der alten Erde sich dereinst eine neue herausbilden kann, dass sie sich hin zu einer Gottesstadt, zu einer neuen Sonne wandeln wird. Aber auch der leibliche Mensch erhält durch das Mysterium von Leib und Blut beziehungsweise durch die Auferstehung des Christus eine Geistleiblichkeit, die Christus erstmalig dem sterbenden physischen Leib entrang. Golgatha legte einen „Keim" in die Erde, der allmählich so stark heranreifen wird, bis in ferner Zukunft eine neue Erde, im Bilde der Gottesstadt, des Neuen Jerusalem als unser aller Ziel, als ein sonnenhafter, nicht materieller Planet, als unsere neue Lebens- und Daseinsgrundlage erwachsen wird. Dafür ist Christus der Garant und Vollbringer.

Wachsen wir in seinen Glauben, in seine Hoffnungskraft und in seine Liebe mit ihm gemeinsam hinein, teilen wir unser Sein mit seinem Sein, so wird er immer stärker in uns leben können - uns durchdringend, wandelnd und heilend. Gottes Herrlichkeit, Kraft, Macht und Liebe will im Menschen auferstehen. Dies macht Hoffnung, dies macht Sinn und schenkt der Welt an lauteren und guten Taten so viel.

Sonne, Mond und Sterne

Die Sonne ist das Zentrum unseres Planeten- und Sternensystems. Ohne Sonne gibt es kein Leben, kein Licht und keine Wärme. Sie ist wie eine große Mutter, die alles nährt und erhält, denn Leben kann nur von einem lebenden Wesen ausgehen. Und die Sonne lebt.
Daher ist sie viel mehr als ein glühender Gasball mit der Ausstrahlung von physikalischem Licht und Wärme. Die Physik zeigt nur die Außenseite. Im Sonnenflecken-Rhythmus offenbart sich ein mehr innerliches Geschehen, das ebenfalls zur Sonne dazugehört. Sehen wir nur die naturwissenschaftliche Außenseite, so reduziert sich die Sonne auf die versengenden und aggressiven ultravioletten Strahlen und ähnlichem, denen wir gesundheitlich ausgesetzt sind. Wenn wir jedoch versuchen, das innere Wesen der Sonne zu ergründen, wird sie uns mit ihren Gaben reich beschenken können.
Die Sonnenkraft ist vierfach aufgebaut, das heißt, ihr Wirken hat eine vierfache Gliederung. Alle äußere Erscheinung hat nämlich immer auch eine innere Entsprechung.
„Alles Vergängliche ist nur ein Gleichnis", dies ist ein Ausdruck dafür, dass sich feinstoffliche Energien und Wesen im Vergänglichen, in der physischen Außenseite quasi ein Abbild schaffen, eben ein Gleichnis. Die eigentlich wirkende Sphäre ist im Übersinnlichen zu finden. Als Beispiel hierfür seien nur die vier Elemente genannt, also Feuer, Erde, Wasser und Luft, die im Feinstofflichen ihr Äquivalent in den vier Äther oder Lebensbildekräften haben.
In der Sonne zeigt die sogenannte Chromosphäre den Feuerball. Riesige Protuberanzen, Feuersäulen, schleudern meist aus der Nähe der Sonnenflecken in die Umgebung hinaus. Diese Chromosphäre entspricht im Feinstofflichen dem Wärme-Äther. Ätherkräfte sind Lebenskräfte, sind das Chi, das Prana, die das All durchfluten. Ohne Wärme kein Wachstum. Und ohne Wärme kein seelisches Empfinden, das darin seine Grundlage hat.
Hohe schöpferische Geister bewohnen die Sonnensphäre, die nicht auf die äußere Kugel beschränkt ist, sondern die ganze Sonnenbahn umfasst, die also einen großen Raum, eine Sphäre bildet. Die Dynameis, die Geister der Bewegung, eine sogenannte Engelshierarchie, offenbaren und schaffen im Wärmeäther und ermöglichen darin Empfindungen, bis hin zur Liebe, die von der Sonnensphäre ausstrahlen.

Die Photosphäre, also die Lichtstrahlen der Sonne verweisen auf den Licht-Äther. Im geistigen Licht offenbart sich der schöpferische Wille, die Exusiai beziehungsweise die Elohim oder die Geister der Form, so wie diese hohen Wesen auch genannt sind. Das Licht formt und gestaltet. Es sorgt dafür, dass sich Wahrnehmungen und Reaktionen ausbilden können. „Das Licht erschafft das Auge". Zu starkes Licht lässt erblinden, wenn wir nur wieder das physische Licht betrachten. Der Licht-Äther hingegen baut auf, er erhellt, schafft die Grundlage für Bewusstsein und Wahrnehmung.

Die Sonne ist ein Planet und sie ist ein Stern. Das Sonnenlicht enthält punktuelles Sternenlicht und räumliches Planetenlicht. Als Stern verweist die Sonne in geistige Bereiche hinein, als Planet offenbart sie seelisches Sein beziehungsweise es ist der Licht-Äther der Träger für seelisch-astrale Kräfte im planetarischen Wirken.

Die Korona, der Sonnenkranz, der bei einer Sonnen-Finsternis zur Erscheinung kommt, wechselt seine Ausstrahlung im Rhythmus der Sonnenflecken. Darin offenbart sich das rhythmisch-lebendige Sonnenwesen, also der sogenannte Klang-Äther, der alles Leben, das der Pflanzen, Tiere und Menschen erst möglich macht. Die Korona deutet hin auf die Weisheits-Sphäre, auf das Wirken der Kyriotetes, auf die Geister der Weisheit, die aus dieser Sonnensphäre das gesamte Leben befruchten und gestalten.

Und schließlich das Sonnen-Plasma, der Sonnenwind. Physikalisch eine fein ionisierte Strahlung, die bis an die Grenzen unseres Sonnen-Systems reicht und die auf der Erde als das Nord-Licht in Erscheinung treten kann. Das Sonnen-Plasma deutet hin auf die vitale Energie, auf den höheren Willen, der alles Sein durchdringt. Dieser Ich-Wille geht von den Thronen, den Geistern des göttlichen Willens aus. Er wirkt im sogenannten Lebens-Äther, der allem Lebendigen seine Struktur, seine Information beziehungsweise auch seine Genetik bewirkt und gibt.

In der Apokalypse des Johannes erscheint dem Apostel ein geistiges Bild: ein Weib mit einer Sonne bekleidet, den Mond unter ihren Füßen, die Sterne über ihrem Haupt. Dies ist ein Bild für die kosmische Seele, für die Ur-Seele, für das Urbild alles Seelischen. Diese Seele, von der die menschliche Seele also ein Abbild, ein Ebenbild darstellt, sie trägt die Sonne in sich. Und so kann auch die menschliche Seele in sich einen Sonnencharakter annehmen.

Innere Wärme, inneres Licht, innerer Klang und inneres Leben kann auch in unserer Seele erstehen, wenn wir versuchen, sonnenhaft zu werden, wenn wir also eine innere Sonne in uns ausbilden wollen. Ein kreativer, schöpferischer Wille, feine Empfindungen der wärmenden Liebe, weisheitsvolle Gestaltungen des Lebendigen und ein Eingehen in den göttlichen Weltenwillen, dies sind Kräfte der inneren Sonne, die uns mit der geistigen Sonne verbinden.

Warum steht aber der Mond unter den Füßen der himmlischen Frau? Die Göttin Isis trug im alten Ägypten noch die Mondensichel auf ihrem Haupt, war also noch mondenhaft mit dem All verbunden. Auf was deutet folglich der Mond hin? Er hat ja kein Eigenlicht, er spiegelt nur das Sonnenlicht, das heißt, er reflektiert, so wie unser Gehirn, unser Intellekt die äußere Welt widerspiegelt. Heute lebt dieser Spiegelungs-Apparat noch stark im Kopf. Kosmologisch wird das Gehirn dem Mond zugeordnet, das Herz jedoch der Sonne, das mit den Herzkammern entsprechend auf das vierfache Sonnenwesen deutet, wie auch der Mensch nach Leib, Leben, Seele und Geist eine vierfache Gliederung aufweist.

Warum soll der Mond dann unter die Füße gestellt sein? Warum soll er den Menschen tragen?

In den Phasen des Mondes zeigt sich das Leben der Seele, die das Wachstum, das Leben, das aus der Sonne kommt, gestalten. Die Sonne erschafft das Leben von Außen, der Mond gestaltet von Innen. Dabei kann man drei Phasen unterscheiden: der zunehmende Mond bis Vollmond – darin offenbart sich das große Werden, dann der abnehmende Mond beziehungsweise das Vergehen und Welken und schließlich der Neumond, die Zeit des Neu-Erstehens. Entstehen – werden – vergehen, das ist der innere Rhythmus des biologischen Lebens, auf oder in dem sich die Seele bewähren muss. Die Seele steht also auf dem Leben, das Weib steht auf dem Mond. Die Seele muss sich folglich den inneren Lebensrhythmen anpassen, wenn sie selbst lebendig bleiben will.

Das reflektierende Mondenlicht beziehungsweise das Gehirndenken im Menschen, es bringt zum Bewusstsein, was die Seele in der Welt erfährt. Es ist fahl, tot und spiegelt nur. Der innere Rhythmus des Mondes offenbart dagegen das unterbewusste innerseelische Leben. Taucht die Seele in die Tiefen des eigenen Seins und Lebens, kann sie Kräfte wahrnehmen, die mehr traumhaft, unterbewusst die Mondensphäre spiegeln, in der wiederum die verschiedensten Archetypen und Geister zuhause sind.

Der Mond steht also einerseits für das reflektierende Bewusstsein, andererseits trägt er alle seelischen Kräfte in sich, die im Unterbewussten des Menschen wirken beziehungsweise sich dort auch aus früheren Zeiten und Erlebnissen angesammelt haben. Also können wir darin die Mondensichel der Isis, aber auch den Mond unter den Füßen des Weibes sehen lernen.

In der Mondensphäre, aus und in ihr wirken geistige Lehrer, die in früheren Zeiten die Menschheit noch als die großen spirituellen Führer lenkten und zwar durch das Einwirken in unterbewusste Seelenbereiche. Dafür war Isis, die frühere Seele noch offen, bis der Intellekt so stark wurde und damit das Freiheitsempfinden, dass kein äußeres Hereinwirken aus Geistessphären mehr in neuerer Zeit sinnvoll ist. Eine traumhafte Hellsichtigkeit konnte früher noch die Einstrahlungen dieser Menschheitslehrer wie durch mondenhafte „Antennen" wahrnehmen. Heute ist an deren Stelle das reflektierende Verstandesbewusstsein getreten. Das mondenhafte Ahnen und Träumen soll uns nicht mehr überschwemmen. Daher sind auch Eingaben von Medien und manchen Hellsehern wie auch von bestimmten Orakeln heute nicht mehr zeitgemäß und daher abzulehnen. Jedoch, in manchen Träumen und Ahnungen können sich auch heute manchmal noch Impulse und Einflüsse aus höheren Welten äußern.

Der Mond steht für das Vergangene, so wie im Unterbewusstsein alles vorhanden ist, was wir je erlebt haben. Doch dieses soll uns nicht beherrschen, die Seele muss darauf aufbauen, darauf stehen, im Innern, im Herzen jedoch ist die Zukunft, für die die Sonne steht.

Die Sterne über dem Haupt, das sind die Bereiche des Tierkreises, also der zwölf Tierkreiszeichen, die weit entfernt unser Sonnensystem umrahmen und eine äußere Orientierung verleihen. Daraus wirken hohe Geisteskräfte, an denen wir uns ausrichten können. Der Sternenhimmel steht selbst in der gewöhnlichen Betrachtung, im sehnsuchtsvollen und bewundernden Aufblick für Ruhe und Weite, für endlosen Raum und Zeitlosigkeit, also auch für das Hohe und Erhabene.

Das Weib in der Apokalypse trägt die Sterne auf ihrem Haupt als Krone, als Krönung der Seele. So erst umfasst das seelische Urbild den Geist, die Sterne, die innere Seele, die Sonne und das Leben, den Mond, als eine Ganzheit. Die menschliche Seele soll ja zwischen dem Geist und dem Leben vermitteln, so wie das Weib mit der Sonne begleitet ist, den Mond unter ihren Füßen hat und die Sterne über ihrem Haupt trägt.

Geistig soll sich die Seele den Sternen zuwenden, in der hohen Ordnung der Sternengesetze in den Weiten des Alls wurzeln können. Die Zwölfheit im Raum des Tierkreises vermittelt die moralischen Kräfte und Gesetze, die vom „Himmel" in unser Sonnensystem und damit in unser Seelenleben einstrahlen, wenn wir uns für diese geistig öffnen können. Vom Widder bis zu den Fischen sind uns Archetypen und Kräftewirksamkeiten aufgezeigt, denen wir uns nicht entziehen können, denn sie prägen unser inneres Sein. So können wir alle kosmischen Einflüsse in einem gesunden und ursprünglichen Niveau zu leben versuchen oder aber in unvollkommener und verzerrter Weise. Da hat der Mensch ein Entwicklungspotential in sich, das er selbst mitbestimmen kann.

Im Leben muss sich die Seele zudem den Rhythmen des Lebendigen anpassen, damit sie davon nicht überschwemmt oder zu stark hineingezogen werden kann. Denn das irdische Leben kann natürlich auch verlockend sein, so dass wir in den Bann von Trieben, Leidenschaften und den vielen Auswüchsen niederen seelischen Erlebens geraten können. Darin zeigen sich die weiteren Planeten, die im Sonnensystem wie Stufen und Prüfungen erscheinen, auf denen sich die Seele entwickeln kann, bis hin zur Welt des Geistes, hin zu den Sternen im All, dem Bild und Gleichnis für die himmlische Welt.

Mond, Merkur, Venus, Mars, Jupiter, Saturn, das sind eigene Sphären und Entwicklungsbereiche innerhalb der Seele, die diese zu durchwandern und zu meistern hat. So wird man in einem Leben zum Beispiel mit einer starken Marskraft, die nach Eroberung und Tatendrang sich sehnt, ein andermal vielleicht mit einer üppigen Venus-Energie, die sich selbst erhöhen und darstellen will oder mit einer maßregelnden saturnischen Autorität und vielem mehr ausgestattet sein. Daran kann man sich entwickeln.

Der Mensch ist ein Abbild des Kosmos, das heißt, er trägt den Kosmos auch in sich. Daher kann die Sprache der Sterne und Planeten uns auch das eigene Seeleninnere verdeutlichen. Nur muss man sich klarmachen, dass nicht die äußeren Himmelskörper es sind, die uns wie Marionetten lenken können. Eine Uhr an der Wand macht auch nicht die Zeit, sie zeigt sie nur an. Die Zeit wirkt überall, im und außerhalb des Menschen. So auch die kosmischen Kräfte, sie wirken im Kosmos und zeigen sich dort äußerlich in den Himmelskörpern, ähnlich der Uhr; sie sind aber überall in der Welt, in der leiblichen, natürlichen, seelischen und geistigen Entwicklung beziehungsweise bewirken sie diese überhaupt. Nicht umsonst werden Pflanzen, Metalle, Mineralien, Tiere und menschliche Verhaltensweisen bestimmten Planeten- und Sternenkräften zugeordnet.

In der Seelenmitte, im Menschenkern, im Menschen-Ich soll und kann die Seele sonnenhaft werden. Die Sonne strahlt selbst das Licht in die Welt. Mit dieser Sonnenkraft, mit einem durchsonnten Ich kann der Mensch selbst sein Seelensein lenken und gestalten lernen.

Eine innere Sonnenkraft erhellt die Seele von Innen her, so dass sie selbst zum Gestalter und Schöpfer ihres eigenen Geschicks werden kann. Von da aus kann sie vermitteln zwischen dem Hohen und dem Niederen, denn da, in dieser Mitte, in diesem Ich erst, ist die Seele frei. Doch ganz und heil kann sie erst werden, wenn sie das Ganze sieht. Nicht nur das physische Weltall ist Platz und Heimat des Menschen. Das seelische Sein ist ebenfalls zu durchdringen und anzunehmen und die geistigen Gesetze und Mächte sind die eigentlichen Wegweiser, an denen wir uns ausrichten dürfen. Im Lauf der Sterne und Planeten ist nicht nur ein äußerer Raum zu durchschreiten. Diese Räume deuten letztlich hin auf innere Welten, die uns erst zu dem machen können, zu dem wir geistig gesehen vorgebildet sind.

„Die Sterne über mir, das moralische Gesetz in mir...". So drückte eine Philosoph diese Äquivalenz einmal aus. Sehen wir nur noch das Äußere, räumlich Physikalische, so ist das Weltall tot. Jedoch in der Folge immer mehr auch das Innenleben beziehungsweise es werden die Kräfte des Niederen, des Mondenhaften, des Triebhaften zu stark, wenn die höheren Sternenkräfte nicht mehr genügend Gegengewicht aufbringen, wenn also das Moralische verlorengeht. Diese Tendenz kann heute ja weltweit beobachtet werden.

Bewegen wir uns wieder dahin, die Welt als Gleichnis für höhere Kräfte und Wesen zu erkennen, können diese wieder vermehrt zu uns sprechen, können diese uns wieder mit göttlichem Leben und Sein erfüllen.

In den Strahlen der Sonne die liebenden Geister und Schöpfermächte erspüren zu lernen, wird das Sonnenlicht heilend machen. Sehen wir nur die physikalische Seite, so wird sie uns verbrennen, so wie dies heute schon in vielen Teilen der Erde sichtbar wird oder wenn man Angst bekommt vor zu viel Sonnenstrahlung zwecks ultraviolettem Licht und dergleichen mehr. Hier soll aber nicht gegen eine naturwissenschaftliche Betrachtung gesprochen werden. Sie soll und darf aber nicht das alleinige Bild der Welt darstellen. Zur Ganzheit gehört eben immer auch noch eine seelische und geistige Ebene mit dazu. Der Primat, das ursprünglich Wirkende ist im Geistigen zu suchen, nicht im Physischen. Die Seele hat dabei die Aufgabe, zwischen dem Geistigen und dem Leiblichen zu vermitteln und zu verbinden. Dadurch wächst sie selbst zu einem eigenständigen und sich selbst bestimmenden Wesen heran.

Im Wechselspiel von Sonne, Mond und Sternen erhält das Leben einen Sinn. Darin sind wir mit und in allem eingebunden; daher sollten wir uns diesen Kräften und Wesen ehrfurchtsvoll und dankbar hinwenden lernen. Und nicht zu vergessen ist die Erde selbst. Sie ist das kosmische „Kind", das aus dem Verhältnis von Sonne, Mond und Sternen entstanden ist. Dadurch trägt die Erde auch alle Kräfte in sich.

In ihrem Zentrum ist die Erde sonnenhaft, im Goldkern der Erde. Und sie ist mondenhaft beziehungsweise planetenhaft in den inneren Schichten der Erde, da, wo sie noch geläutert und gewandelt werden muss, damit die Sternenkräfte sie durchdringen und aufnehmen können. Denn letztlich ist der ganze Kosmos eins, das heißt, er entspringt einer gemeinsamen Quelle, dahin er sich in fernen Zeiten auch wieder hin-entwickeln muss. Auf der Erde ist dafür der Mensch der Mittler, der durch eine ichhaft geführte Seelen-Entwicklung, alle Kräfte, die des Himmels und der Erde, in sich vereinen kann. Dies wird möglich, wenn er sich dem hohen Geist, dem Christus-Geist anschließen kann, der auf seiner langen „Wanderschaft" von den höchsten Himmeln bis zum Sonnengeist herabstieg, zum Ahuro Mazdao, so genannt in der persischen Kultur, und dann im Mysterium von Golgatha als Mensch gestorben ist und im Nachtodlichen, im Jenseits, bis ins Innerste der Erde noch weiter hinabstieg, um dort den Keim zu legen für eine neue Sonne, die die Erde einmal werden wird. Zwar nicht mehr im Physischen, aber als ätherischer, beseelter und durchgeistigter Planet und Stern, der die Sonnen-, Mond- und Sternenkräfte in sich enthalten wird. Die physische Erde wird als „Schlacke" zurückbleiben müssen, so wie der menschlich-physische Körper beim Tod der Verwesung anheim fallen muss, die Seele sich nachtodlich aber wieder mit ihrem ursprünglichen kosmischen Geist verbinden kann.

Dies ist doch eine ganz andere Aussicht als das alleinige physikalische Weltbild mit dem Wärmetod und der Schlacke, die von der Erde einmal übrig bleiben soll. Jedoch, auch dies ist wahr, doch nicht alles. Eine innere Erde, eine durchgeistigte Erde wird aus der sterbenden Schlacke auferstehen. Diese wird das Neue Jerusalem genannt. Eine feinstofflich-lebendige und vergeistigte Erde ist das Ziel der Menschheitsentwicklung – nicht ein Ende im physischen Tod. Dessen sollten wir uns bewusst werden und dann auch entscheiden, welchem Weltbild wir unsere Lebensenergie schenken wollen. Denn dadurch kann auch das alltägliche Leben eine ganz neue Richtung bekommen.

Kunst, Heilung und Kultur

In diesem Kapitel hier soll nicht über einzelne Kunstdisziplinen wie die Musik, die Malerei, der Tanz oder das Schauspiel geschrieben werden. Dazu gibt es genügend andere Veröffentlichungen, auch in früheren Schriften von mir. Hier soll es eher um eine grundlegende Kunst, nämlich um die Kunst des Lebens, um echte Lebenskunst gehen. Wie kann diese aussehen und gefördert werden?
Zunächst geht es im Leben darum, ein Ziel für sich zu finden, dem wir zustreben dürfen. Doch wie finden dieses Ziel, allein wenn man bedenkt, wie schwierig es sein kann, in jungen Jahren einen Beruf zu finden, der zu einem passt. Ein Ziel, ein Ideal, kann sich daraus ergeben, dass wir unserem Herzenswunsch, unserer inneren Sehnsucht nachlauschen lernen. In uns dürfen wir ein Ziel finden und uns von diesem Ziel führen und ziehen lassen. Das Ziel, es ist eigentlich schon in uns da, es muss nur einen Raum geben, in dem es sich offenbaren, sich zeigen kann. Dieser Raum ist das „Herz" beziehungsweise ein Wunsch, der sich im Herzen kundgibt. Haben wir diese Wünsche und in der Folge dann die daraus entstehenden Ideale vernommen, tun sich meistens erst richtige Hindernisse und Zweifel auf, die zu durchschauen und zu erkennen sind. Ist mein Wunsch real, sind meine Ideale für den Alltag tauglich oder vielleicht zu versponnen, habe ich die Kraft oder die Finanzen, um dem Wunsch nachgehen zu können und und und. Steht man nach guter und

reiflicher Überlegung immer noch hinter dem Wunsch, so kann der Weg, hin zu diesem Ziel beginnen.
Will man sein Ziel jedoch erreichen, ist als erstes zu klären: was ist der nächste Schritt? Wo sind Stufen zu erklimmen, wo muss ich persönlich noch wachsen, an mir und in mir, seelisch und in meiner Persönlichkeitsentwicklung, damit ich die Kraft gewinne, um diese Hürde überwinden, um einen neuen Schritt tun zu können? Meist ist das große Ziel, das hehre Ideal noch recht weit entfernt und der Weg dorthin recht steil. Wie auf einem Bergesgipfel scheint das Ziel auf den Wanderer zu warten. Doch die Wege dorthin erscheinen von unten gesehen steil und weit. Stufe um Stufe, Schritt um Schritt kann es nur vorwärts gehen; vor dem ganzen Berg, vor den vielfältigen Aufgaben des Lebens, kann man leicht entmutigt werden.
Um einen nächsten Schritt tun zu können, muss ich innerlich frei dafür sein. Das heißt mit anderen Worten, ich muss mir zuerst im Inneren das Äußere erschaffen, den Wunsch, das Ziel, das Ideal so lange imaginieren, sich vorstellen, damit auch das Äußere allmählich mit meinem Inneren in Resonanz kommen kann. Das Äußere, Begegnungen, Schicksalswendungen und so weiter, wird nämlich vom Inneren angezogen.
Stimmt uns das Äußere, die jetzige Lebenslage unzufrieden, sollte man sich erst innerlich Räume erschließen, die Zufriedenheit, Freiheit und ein Ziel enthalten, das in uns selbst schon da ist, das nur gesehen werden muss, dem man Raum geben muss in der Seele, darin es sich zeigen kann. In einem Gefühl, in einem Bild, in einer Stimmung kann ein Ziel erscheinen, von dem wir uns leiden lassen sollten. Nicht gleich wieder aus irgendwelchen "rationalen" Gründen alles verneinen.
Und dann braucht es natürlich auch ganz praktische Herangehensweisen, um diesem inneren Ziel näher kommen zu können. Da braucht es Ausdauer, Zuversicht, Gefühle des Erfolgreich-Seins, des inneren Reichtums, ein gutes Selbstbewusstsein und immer wieder die Verbindung zum inneren Raum, zur inneren Sehnsucht, zum inneren „Traum" und Ideal.
Mancher wird hier wohl einwenden, dass hier sicher auch sehr leicht von utopischen Träumereien und illusionären Wünschen ausgegangen wird. Gewiss gibt es viele Wünsche, die zum Beispiel aus einem eigenen Unvermögen, aus Bequemlichkeit und Faulheit, wie denen nach einem Lotto-Gewinn, nach den schönsten Frauen, nach einem

Leben an „Paradieses-Stränden und ewiger Sonne" und was manche Werbung einem noch so vorgaukeln kann. Dies sind aber keine Herzenswünsche, sie kommen eher aus dem „Bauch", aus dem niederen Menschen, der meistens den bequemen und leichten Weg gehen will. Impulse und Regungen, die aus dem Herzen kommen, sie kommen von unserem höheren Menschen, der unser Lebensschicksal und unsere Lebensaufgabe überblickt und uns daher mit inneren Bildern, Gefühlen, Sehnsüchten und Idealen beschenken kann, wenn wir uns dafür öffnen.

Die Kunst im Leben ist es doch, das Niedere in uns mit dem Höheren so zu verbinden, dass daraus etwas Neues, ein neues Werk, eine Berufung und Mission entstehen kann. Dafür muss der niedere Mensch bereit zur Wandlung sein. Heil wird der Mensch, wenn er sich ganz mit seiner göttlichen Bestimmung verbinden kann. Und die ist für jeden Menschen eine andere.

Wie in einem Orchester jeder Musiker sein eigens Instrument spielt, so folgen sie doch einer gemeinsamen Melodie. Wenn jeder Mensch seiner wirklichen Bestimmung, seiner Berufung nachgehen würde, wenn er sie denn fände, so würde dies auch dem Ganzen zugute kommen.

Kunst ist Verwandlung des Niederen in das Höhere und zwar durch das Höhere. Daher ist wirkliche Kunst auch immer mit einem heiler werden verbunden. Denn die Kunst verbindet, das „Material", das Niedere, das zu Verwandelnde mit dem schöpferischen Geist, der sich darin ausdrücken will und der das „Material" so lange bearbeitet, bis eine ursprüngliche Idee, ein Archetyp, ein Prinzip oder ein Sinngehalt darin zur Erscheinung kommen kann.

„Jeder Mensch ein Künstler". Mit seinem eigenen „Material", mit seinen Mängeln, Stärken, Talenten, Blockaden, Komplexen et cetera sollten wir künstlerisch umgehen. Und dies geschieht, wenn wir damit spielen. „Der Mensch ist nur dann ganz Mensch, wenn er spielt" (Friedrich Schiller). Das Spiel zwischen Stoff-Trieb und Vernunft-Trieb, zwischen Chaos und Ordnung (Kosmos), zwischen Leiblichem und Geistigem, zwischen Substanz (Inhalt) und Form schafft erst die Mitte, den Ausgleich beziehungsweise auch ein höheres Element und zwar durch die Steigerung der Polaritäten, so wie dies Goethe in seinen wissenschaftlichen Schriften, zum Beispiel in seiner Farbenlehre, herausgearbeitet hat.

Das Jetzt, das Problem und die Zukunft, das Ziel – dazwischen ist ein Werden, ein Weg, der bekanntlich auch schon ein Ziel sein kann, wenn wir diesen Weg bewusst, achtsam und spielerisch beschreiten, denn da entwickeln wir neue Kräfte und Fähigkeiten, die uns niemand mehr nehmen kann. Dabei muss man immer auch bereit sein, durch neue Elemente, Winke und Impulse dem eingeschlagenen Weg wandel- und veränderbar folgen zu können.

Eine Heilung geschieht ja immer dann, wenn Extreme ausgeglichen werden, wenn also eine Mitte gefunden wird: Aufbau oder Abbau, Auflösung oder Verhärtung, Entzündung oder Sklerose, so lauten die Extreme im biologischen Bereich. Seelisch ist es die Sympathie oder die Antipathie, der wir einseitig zugetan sein können. Eine Mitte bildet und schafft eine offene und empathische Haltung. Geistig trennt man in gut und böse, seelisch auch in schön und hässlich, leiblich in gesund und krank. Doch alles gehört zum Leben dazu. Wollen wir immer nur eine Seite leben, wird sich irgendwann die andere Seite melden. Meist kommt sie uns dann von Außen entgegen. Die Schöne und das Biest, die Heilige und die Hure, Gott und Teufel, das sind die zwei Seiten, die immer irgendwo da sind, einfach, weil sie in einer dualen Welt dazu gehören.

Die Kunst wäre nun, diese Gegensätze miteinander in Einklang zu bringen. Keinen Teil sollen wir ausgrenzen, alles darf bejaht werden. Denn am Bösen erkennen wir erst, was das Gute ist, am Kranken das Gesunde, am Hässlichen das Schöne, am Krieg den Frieden und so weiter.

Hindernisse sind dazu da, dass wir daran wachsen, dass wir Schritte gehen, Stufen steigen müssen, die uns erweitern, die uns größer werden lassen und die uns näher bringen zum „guten Guten", das die Kräfte des Bösen, des Negativen in sich aufnimmt und innerlich verwandelt; und dies, in dem der Mensch innerlich bereit und reif wird, darauf verzichten zu können. In analoger Weise, wie die Raupe auf ihr Raupen-Dasein verzichten muss, sich in einen Kokon einspinnen, als Raupe vergehen, sterben muss, damit daraus ein Schmetterling herausschlüpfen kann. So auch mit unserem niederen Ich, das sich dem höheren Leben hingeben, immer wieder opfern muss, damit dieses Höhere in uns zu wirken beginnen kann.

Leben heißt Werden – da gibt es kein Ende. Nur ein Vergehen, damit immer etwas neu erstehen kann. Das Alte, das Bequeme, das allzu Sichere muss immer wieder einmal eine Veränderung erfahren können, wenn wir seelisch-geistig gesehen zu fest, zu starr, zu faul und

zu lau geworden sind.
Und dies nicht nur im individuellen Leben. Auch eine Gesellschaft muss bereit zu neuem Aufbruch sein - immer wieder. Nur die Menschen mögen es, dass alles immer so bleibt oder es noch besser werden soll. Veränderung, Transformation geht meist aber nicht ohne Krise, ohne Leid, Schmerz, Opfer und Verzicht. Das kann weh tun, muss es aber nicht, wenn wir von uns selbst aus bereit sind, auf Dinge und Umstände zu verzichten, die nicht mehr wirklich zu uns passen, wenn es also seelisch-geistig gesehen nicht mehr weitergeht, wenn kein Werden mehr geschieht, wenn Altes nur noch festhält, starr macht und niederzieht. So kann Besitz und Reichtum fesseln, so können manche Dogmen und Regeln, auch in religiösen Vereinigungen, schon lange überholt sein und vieles mehr. Dies führt zu Lähmung, zum Abbau, zum Tod.
Das Leben, es will gelebt sein. Da braucht es keine Schranken und Begrenzungen. Das Leben ist ein Spiel und damit ist es auch eine Kunst. Eine soziale Kunst, die zwischen dem Einzelnen und der Gesellschaft die Mitte findet, in der der Einzelne seine individuellen Fähigkeiten in Freiheit zum Wohlergehen des Ganzen, der Gesellschaft einbringen kann, schafft Heil. Wird der Einzelne dagegen vom Staat oder einer Obrigkeit entmachtet, reglementiert oder ausgenutzt, wird auch das Ganze leiden und schwächer werden müssen.
Die gesundenden Impulse für eine Gesellschaft müssen aus der Kultur, aus dem Geistesleben der Menschen erwachsen. Dieses geistige Leben kann aber nur von Einzelnen in individueller Freiheit entdeckt und in sich ausgebildet werden.
Die Kunst im Allgemeinen, wie auch die Kunst im Speziellen, im Persönlichen, in der Lebenskunst, sie erschafft eine menschliche Kultur, die die Politik und Wirtschaft in einem humanistischen Geist impulsieren und fördern kann. Die Kunst ist also nicht nur Selbstzweck oder als Freizeitunterhaltung gedacht und vorgesehen, denn sie ist das Mittel, um alle Bereiche des Seins durchdringen und wandeln zu können, damit ein Werden und Neu-Erstehen geschehen kann, hin auf einem Weg, der zu mehr Menschlichkeit, zu mehr Friede, Gesundheit, Freiheit und einer guten Lebensqualität führen kann, bei der keiner mehr benachteiligt, ausgegrenzt oder gar ausgebeutet wird. Dies ist ein Ziel, ein sehr hohes und weites Ziel, von dem wir uns aber inspirieren und hinziehen lassen dürfen. Denn dadurch geschieht Werden, geschieht Leben, geschieht Kunst.

Selbst die Religionen können in diesem Kontext neu gesehen werden. Jede Religion hat ihre Eigenart, eigene Möglichkeiten des religiösen Wachsens, damit darin bestimmte seelisch-geistige Fähigkeiten erworben werden können, zum Beispiel Demut, Hingabe, Frömmigkeit, Gelassenheit, Hilfsbereitschaft, Barmherzigkeit und und und. Der spirituelle Weg zu Gott beziehungsweise in die göttlichen Welten hinein unterliegt Stufen und Prüfungen, die universaler Natur sind. Daher können Menschen aller Religionen diesen inneren Weg beschreiten, der auch in allen Religionen in irgendeiner Weise existiert. Dieser innere Weg ist unabhängig von einer religiösen Glaubensrichtung und muss nur begangen werden.

Das Gehen dieses Weges gleicht dann auch eher einem künstlerischen Kreieren, als dem Befolgen äußerer Regeln und Verhaltensweisen. Das Niedere soll emporgehoben, das Höhere soll das Niedere wandeln und erhöhen. Dadurch wird alles verklärt. Dies ist echte Kunst. Was daraus entspringt, also das „Kunstwerk" selbst, ist nicht so entscheidend, denn der Weg kann lange sein, wo es so schnell kein Ende gibt. Doch ohne Ziel ist es schwer, einen Weg zu finden; ein Ziel sollten wir schon haben, dem wir entgegenstreben dürfen. Das ist auch keine Frage des Alters. Selbst am Lebensende können wir immer noch bereit zu neuem Aufbruch, zu neuen Ufern sein, die wir nicht wirklich kennen, auf die wir uns aber freudig und gelassen einstellen können, damit der Übergang in ein neues Sein leichter fallen wird. Da wird dann auch der Weg selbst zum Ziel, doch das letztendliche Ziel heißt immer seelisch-geistiges Wachstum, heißt Erweiterung, Erhöhung, Entwicklung, Metamorphose, also ein Werden, Vergehen und Neu-Erstehen, einer Spiralbewegung folgend. Nicht nur im Kreise sich drehend - aufwärts geht es letztlich doch.

Selbst der Langsamste, auch der, der manchmal Umwege macht, aber sein Ziel nicht aus den Augen verliert, ist immer noch schneller als der, der gar kein Ziel hat, der sich also nur treiben oder sich von irdischen Verlockungen verführen und fesseln lässt. Der kommt niemals an. Doch Schicksalsschläge können auch da einen Wandel bewirken. So muss auch jeder seinen Weg selbst finden, jeder ist auf einer bestimmten Stufe und Etappe. Manchmal gesellen sich auch gleichgesinnte, seelenverwandte Weggefährten dazu, dann wird der Weg meistens leichter und schöner.

Eine neue Kultur wird erstehen, wenn die Menschen ein gemeinsames Ziel entdecken, das alle Menschen verbindet, unabhängig ihrer

Religion, Hautfarbe, Bildung, Nation oder ihres Geschlechts. Das Ideal des Menschlichen, des freien Individuums überstrahlt alle Differenzierungen und Spezialisierungen.

Wo und wodurch sind wir Mensch? Im Ich sind wir ganz eigen, nur wir selbst. Doch ein Ich hat auch der Andere. So kann man folglich fragen, wo dieses Ich eigentlich herkommt. Gibt es ein Ich, aus dem alle menschlichen Iche urständen und darin ihre Wurzel haben?

In einem spirituellen Christentum erkennen wir dieses höhere Ich, dieses Welten-Ich in der Christus-Wesenheit. Von ihm geht die Substanz zum Individuellen, zum Einzigartigen aus. Doch sein Geist, der allen Ichen immanent ist, als göttlicher Funke, als wahres Ich, das im Kern des Menschen-Ich innewohnt, er will gesucht und gefunden sein. Das menschliche Ich ist im Kern geistiger Natur. Oft hat es sich aber mit allzu irdischen Angelegenheiten verstrickt, so dass es das Höhere nicht mehr wahrnehmen kann. Eine Geistkultur, das heißt, eine Kultur, die sich von geistigen Werten führen lässt, wird die Menschheit voranbringen können. Eine kulturelle Degeneration, wie sie heute vermehrt zutage tritt, wo jeder nur noch schaut, dass er für sich am meisten rausholen kann, wird nur eine „verbranntes Land", eine Wüste hinterlassen können.

Eine Heilung der Kultur erfordert eine Heilung des Menschen – durch Kunst, die den Weg des Ausgleichs, der Harmonie, der Liebe bis hin zur Schönheit beschreiten kann. Der Ausspruch: „Die Schönheit wird die Welt erretten" kann hier sehr wörtlich genommen werden. Die Liebe macht schön! Sie verbindet das Oben mit dem Unten, das Innen mit dem Außen, sie schenkt Freiheit und verschenkt sich dem, der sich dafür öffnen kann.

Die Liebe zur Kunst, die Kunst des Liebens, ohne Liebe keine Kunst und ohne Kunst keine wirkliche Liebe, Kunst und Liebe, sie schließen einen Kreis. Die Welt, die Schöpfung, sie ist ein Kunstwerk, der Schöpfer ist ein Künstler, der sein Werk liebt, der aus Liebe schafft, auch den Menschen, den er darin erschaffen hat, den er liebt, wie ein Künstler sein gelungenes Werk nur lieben kann.

Welt, Geld und Geist

Dreifach ist der Weg der Menschenseele in die sinnlich-irdische Welt hinein, nach dem diese durch die Sinnesorgane in unserem Inneren gespiegelt worden ist. Zum Einen ist es das Denken, der Verstand, mit dem wir die Welt begreifen, ordnen, katalogisieren, mit Begriffen belegen, analysieren, verstehen und gestalten. Dies bringt Klarheit, Bewusstheit und eine Erkenntnis mit sich. Zum Anderen kann der Wille zur Welt verschiedene Formen, Begehrungen, ein Drängen oder ein Zurückschrecken bis hin zum lüsternen Verlangen annehmen. Und schließlich ist im Fühlen, das sich mit der Welt seelisch, also im Herzen verbinden kann, eine Möglichkeit der direkten Kommunikation gegeben.

Das Denken, wenn es nur einseitig, ohne Gefühl und Herz vorgenommen wird, es kann kalt, berechnend, mit starker Wissbegierde auftreten, woraus oftmals ein Agieren entspringt, das sich innerlich nicht wirklich mit dem Gegenüber verbunden hat, da ein rein verstandesmäßiges Erfassen eine Trennung zwischen Subjekt und Objekt, also zwischen Betrachter und Betrachtetem erschafft. Ein Wille aber, der nicht vom Herzen beleuchtet und vom Denken gezügelt ist, kann fanatisch, egoistisch und verzehrend wirken. Das Fühlen, ohne Ratio und Vernunft, wird dagegen leicht schwülstig, jauchzend oder zu Tode betrübt, also sehr labil und flatterig sein.

In solchen seelischen Einseitigkeiten kann uns die Welt folglich recht leicht vereinnahmen oder auch ausschließen. Denn es braucht für ein geordnetes, reifes und einheitliches Seelenleben eine Instanz, ein Ich, das die Seelenbetätigungen steuern und handhaben lernt.

In früheren Zeiten, als dieses Ich noch nicht so stark in der menschlichen Entwicklung herangereift war, als der Mensch noch mehr in Gruppenzusammenhängen gelebt hat, war dann, wie zum Beispiel im Mittelalter, noch ein Rückzug von der Welt angesagt, wenn man sich spirituell entwickeln wollte.

Einseitige Seelenverhältnisse, also ein Überwiegen oder ein Mangel im Denken, Fühlen und Wollen, ohne das ordnende und steuernde Eingreifen eines Ichs, werden im Spirituellen zu einer großen Gefahr, weil sich die Seele durch eine innere Schulung aus dem normalerweise ordnenden und prägenden Leibesgefüge herauslockern kann. Daraus können sich psychotische Zustände ergeben, wie auch, wenn durch Drogen, durch übermäßiges Fasten oder Ekstasen eine seelische Lockerung herbeigeführt worden ist. In Klöstern und Ashrams wurde dem durch eine asketische, reine und stille Lebensweise vorgebeugt, auch durch eine Abkehr von weltlichen Genüssen und Verlockungen.

Ja, man musste Welt und Ich verlassen, wenn man die mystische Vereinigung mit dem Göttlichen, mit der göttlichen Einheit erreichen wollte. Wie der Tropfen im Meer sollte sich die Seele im großen Geistesmeer, in der Unio mystica auflösen. Heute ist die Menschheit in großen Teilen jedoch so tief ins Irdische eingestiegen und so stark im irdischen, im niederen Ich erwacht, so dass dieser mystische Weg nicht mehr leicht zu befolgen ist.

Die „Dame Welt", so wie sie im Mittelalter auch genannt wurde, sie lockt und verführt. Vor ihr hatte man noch eine gewisse Angst, daher auch die Abkehr und die Askese. Heute stürzen sich die Seelen, oftmals schon im Kindesalter, in die Welt hinein. Reichtum, Lust, Genuss und Spaß soll die Welt uns bringen. Die Dame Welt, die Hure von Babylon aus der Apokalypse, Kundry, Lilith, Hekate, das sind verschiedene Namen für das dunkle Weibliche, quasi als Gegenbild zur himmlischen Braut und Mutter, bekannt auch als der Gegensatz zwischen der Heiligen und der Hure. Sie ist die Verführerin ins nur Irdische, sie lockt zur Sinnlichkeit, zur Ausschweifung, zur Gier nach Macht, zu Genuss und Besitz. Kaum gibt es ein Werbeplakat auf dem sie nicht in einer aufgemachten Form erscheint. Äußerliche Schönheit, Glück, Wunscherfüllung, Sexualisierung überall, kein Film, kein Theaterstück kommt mehr ohne sexuell motivierte Szenen aus.

Auf der einen Seite wird das Weibliche für die Werbung und die Industrie ausgenutzt, auf der anderen Seite sind die Frauen in einigen Bereichen der Gesellschaft unterrepräsentiert oder schlechter gestellt. Und für das Böse, das Verlockende muss sie auch noch herhalten, so könnte man meinen und einwenden. Dabei geht die Triebhaftigkeit meist mehr vom männlichen Teil aus. Da könnte dann vielleicht auch ein Umdenken beginnen. Doch die Verlockung, die Verführung, die Koketterie wird schon dem weiblichen Teil, der schönen Venus zugesprochen, doch ob man sich verführen lassen will, liegt doch bei jedem selbst.

Das sollten sich vor allem die Männer in patriarchalen Gesellschaften zu Herzen nehmen, die ihre Frauen verhüllen, damit sie selbst ja nicht „auf dumme Gedanken" kommen können. Das Männliche wird aber erst dadurch stark, in dem es sich beherrschen lernt. Der „Naturmensch" will das Natürliche leben und genießen, der soziale Mensch achtet die Bedürfnisse des Anderen und der geistige Mensch urteilt nach moralischen Gesetzen und richtet sein Leben danach aus. Der Mensch ist im Ganzen betrachtet ein natürliches, soziales und geistiges Wesen. Alle drei Bereiche sollen in geordneter Weise im Leben angewandt und umgesetzt werden. Kein Bereich soll zu kurz kommen oder überhöht werden, denn Einseitigkeiten führen mit der Zeit immer in etwas Krankhaftes hinein.

Der Mensch unserer Zeit ist meist gespalten – auf der einen Seite eine starke Intellektualität, eine Überbetonung des „Kopfes", auf der anderen Seite eine zunehmende Triebhaftigkeit, Sexualisierung und Lüsternheit. Dabei fehlt immer stärker die Mitte, das Herzenswirken, das allein einen Ausgleich und eine Abmilderung erreichen kann.

Die Hure von Babylon, sie reitet in der Apokalypse schmuckbeladen auf dem Tier aus dem Abgrund. Später entbrennt ein Kampf zwischen ihnen. Das Tier wirft sie ab, so dass sie in den Abgrund fällt. Zudem wirft ein starker Engel einen Mühlstein auf sie, so wie dies im Matthäus-Evangelium (18,6) durch Christus schon angekündigt ist und in der Apokalypse des Johannes (18,21) als Zukunftsbild in Erscheinung tritt.

„Je mehr ein Mensch in Demut das Wesen des Kindes in sich belebt, um so größer ist er im Reiche der Himmel. Wer aber das innere Werden dessen stört, was im Menschen durch den Glauben an mein Ich zart aufkeimt, ihm wäre es besser, man legte ihm einen Mühlstein um den Hals und versenkte ihn damit in den Tiefen des Meeres" (Matthäus 18, 4 und 6).

Der Mühlstein ist ein Symbol für das Versinken im Irdischen, das Gebundensein an die Erdenschwere, ans allzu Irdische, das mit der Zeit nur noch Leid, Krankheit und Tod bewirken kann. Darin zeigt sich letztlich eine Versündigung gegen das höhere Ich, gegen den Glauben an das Ich-Wesen des Christus, von dem uns die Hure von Babylon abbringen will.

„Da hob der eine starke Engel einen mächtigen Stein empor, der wie ein Mühlstein aussah, und warf ihn in das Meer und sprach: So wird mit einem Wurfe Babylon, die große Stadt, gestürzt ... . Deine Kaufleute waren die Großen der Erde, mit deinem Zaubertrank haben sie alle Völker verführt ..." (Apokalypse 18, 21 und 24).

Ja, die Banker, Manager und Superreichen, sie dirigieren mit Geld und Gold, damit die Weltmenschen im Konsum und im Vergnügen der Dame Welt huldigen können. „Krieg, Handel und Piraterie, dreieinig sind sie, nicht zu trennen", so beschreibt Goethe im Faust die Mächte, die den Menschen an das Irdische, an das Geld fesseln. Krieg um Land, um Öl, um Rohstoffe – ein regelrechter Wirtschaftskrieg tobt, der freie Handel, der freie Markt soll alles beherrschen. Demokratische Bürgerrechte gelten immer weniger, allein das Wirtschaftswachstum und die Macht der Konzerne und Banken zählen immer mehr. Landraub und Ausbeutung der Rohstoffe, das ist moderne Piraterie.

Geld ist ein Produkt des menschlichen Geistes, es ist realisierter Geist. Als reines Tauschmittel war es noch ganz im Wirtschaftskreislauf eingebunden. In Börsen- und Spekulationsgeschäften hat es sich davon herausgehoben, es hat eine eigene Welt erschaffen, wo es nur noch darum geht, noch mehr Geld zu machen. So dient es nur mehr egoistischen Vermögensinteressen, wie auch die Monetarisierung von Grund und Boden und den Produktionsstätten, die wie Waren gehandelt werden können. Alles soll zu Geld gemacht werden, das immer mehr in den Händen weniger Menschen landet. Aber gerade die Produktionsstätten, also die Fabriken und Unternehmen sind das Vermögen einer Gesellschaft, eines Volkes, weil sie von vielen Menschen aufgebaut wurden. Sie dürfen nicht in die Hände von Geldgebern, Aktionären fallen, die nur persönlich davon profitieren wollen. Dies widerspricht einem altruistischen Charakter, wie er in einer arbeitsteiligen Wirtschaft schon länger vorhanden ist, in der viele ihren Beitrag für das Wohl des Ganzen leisten, Unternehmer, wie Arbeiter und Angestellte.

Kein Mensch kann heute nur noch für sich selbst sorgen auf wirtschaftlichem Gebiet. Da arbeitet jeder für jeden. Im persönlichen Bewusstsein sind wir aber meist noch „Selbstversorger", weil jeder nur schaut, möglichst viel Geld für sich gewinnen zu können.

So ist das Geld heute zumeist zum Symbol für die egoistischen Triebe der Einzelnen geworden. Das Geld ist also nicht mehr nur ein Produkt des guten menschlichen Geistes oder in einem sozialen Kontext zu sehen. Sicherlich muss man heute fragen, welcher Geist in und hinter unserem monetären System steckt. Ist es der Naturmensch, der Genussmensch, der Machtmensch, der nach dem Gelde giert?

Letztlich muss der Umgang mit dem Geld in einem bewussten Geist

geschehen. Da sind Fragen, zum Beispiel die des Zinseszins in einem christlich-religiösen Kontext durchaus berechtigt. Und warum soll der Wert einer Ware mit der Zeit fallen, der Geldwert aber nicht. Ja, allein schon durch den Zinseszins wird das Geld beziehungsweise der Wert des Geldes gegenüber der Ware erhöht.
Dazu wäre natürlich noch sehr viel mehr zu sagen. Mir geht es hier vor allem um einige grundsätzliche Gedanken, eine detaillierte Betrachtung würde den hier gesetzten Rahmen sprengen. Dazu gibt es auch anderweitig schon gute Ansätze und Ideen. Jedoch, der Umgang mit dem Geld ist schließlich in unmittelbarer Weise mit dem sozialen Fortschritt der Menschheit verbunden.
Also wir sehen, die Dame Welt, die zieht und lockt und das Tier aus dem Abgrund, das sie trägt und vorausschickt, sie erscheinen heute übermächtig. Doch ihre Zeit ist begrenzt. Die Erdenschwere, der Mühlstein wird sie im Meer versinken. Dann erst wird apokalyptisch gesehen der Ausblick frei zur bevorstehenden Hochzeit mit dem Lamme, mit dem Bräutigam. Die Menschenseele soll sich zur Braut des Lammes bereiten. Die Menschheit ist die Braut, der Christus ist der Bräutigam. So erscheint die apokalyptische Zukunftsvision, wenn die Braut mit weißen Kleidern angetan ist, das heißt, wenn sie mit einem geistdurchdrungenen, reinen Seelenwesen erscheinen kann.
Die Braut des Lammes, das ist die menschliche Seele, das ist die Menschheit, wie auch die neue Erde, die himmlische Stadt, das Neue Jerusalem. Darin kommen Perlen als Tore, Gold in den Mauern und Straßen und Edelsteine als Fundamente vor.
Perlen verweisen auf das mondenhafte Sein, entsprechend dem Weib, der Seele, mit dem Mond unter ihren Füßen, die Sonne in der Mitte und die Sterne über dem Haupt. Perlen entstehen in der Muschel durch das Überwinden, Überwachsen von Fremdkörpern, die in die Muschel eindringen. Aus überwundenem und geheiltem Schmerz und Leid werden die Perlen beziehungsweise die Tore in die neue Stadt hinein aufgebaut. Die Seele selbst wird also zur Stadt, das Innere des Menschen wird zukünftig zum Äußeren, zur neuen Erde. Die zukünftige Stadt entspricht dann dem Urbild der menschlichen Seele, wenn sie sich vom Christus-Geist, vom Christus-Willen befruchten lassen kann.
Der goldig-kristalline Boden und die Straßen der Stadt des Neuen Jerusalem sind aus lauterem Gold, das verweist auf das sonnendurch-

drungene Fühlen der Seele beziehungsweise auf die Vereinigung der Menschheit mit der Christus-Liebe, woraus die himmlische Stadt aufgebaut wird. Und schließlich sind die Edelsteine Ausdruck eines durchgeistigten Denkens, entsprechend den Sternen über dem Haupt. Daraus entstehen im Zusammenklang, in der Vermählung mit dem Christus-Licht, die Fundamente der himmlische Stadt. Und der Jaspis, das ist der Edelste der Steine, er durchdringt und überstrahlt das ganze neue Sein, darin offenbart der göttliche Vater seinen Ausdruck, sein Dasein in der neuen Erde.

Doch lange sind wir noch nicht so weit. Die Gegenwartsprobleme zeigen ein anderes Gesicht. Da offenbaren sich viel eher die menschlichen und dämonischen Wirrungen und Irrungen. Im Mittelalter wurden daher als die Heilmittel für die seelischen Verirrungen in der Welt der Hure, die sich nur mit äußerlichem Schmuck beladet, drei Gelübde getätigt, die der menschlichen Seele zum Ausbilden eines „weißen Gewandes" helfen sollten, nämlich die Armut, die Keuschheit und der Gehorsam.

Armut im Denken, nicht selber ach so stolz sein auf sein Wissen. Des Menschen Gescheitheit ist ja eine Torheit vor Gott. Geistig müssen wir arm, bedürftig werden, damit der göttliche Geist, der heilige Geist in uns zu wirken beginnen kann.

Das menschliche Fühlen muss rein, muss keusch sein können, damit wir werden wie die Kinder, reinen Herzens. „Je mehr ein Mensch in Demut das Wesen des Kindes in sich belebt, um so größer ist er im Reiche der Himmel. Wer sich im Vertrauen auf mich in das Wesen eines Kindes vertieft, der findet in dem Kinde mich". (Matthäus 18, 4 und 5). In reiner und keuscher Seelenhaltung, in der reinen Liebe des Herzens ersteht der Geist im Menschen, das göttliche Kind, das höhere Ich.

Der menschliche Wille soll sich schließlich im Gehorsam üben. Der göttliche Wille soll im Menschen zu wirken beginnen, nicht der Wille der Welt, der Wille des Tieres, der überwunden werden muss. Natürlich, die Kräfte der Welt, die Mächte des Tieres aus dem Abgrund, aus den niederen Willensregionen sind sehr stark. Um diesen standhalten zu können, braucht es einen starken Geist.

Doch was ist der Geist? Ist er unser denkerisches Vermögen oder unsere Willenskraft, unsere Kraft des Ichs?

Die geistige Welt ist eine moralische Welt. Da, wo wir in uns Ideale und hehre Ziele entwickeln können, leuchtet der Geist in unser

Seelenleben hinein. Aber auch dann, wenn wir unseren Eigenwillen anhalten, damit sich neue Impulse offenbaren können, strahlt Geistiges herein. Und schließlich auch, wenn wir unser Herz in kindlicher Reinheit, in Freude, Unbefangenheit und Spontanität von allem irdischen Ballast befreien können, werden wir innerlich leicht, heiter und offen, wodurch sich höhere Wesen, die Engel und guten Geister einleben können. Der Geist überstrahlt das Seelen- und Leibes-Sein. Er ist nicht zu besiegen, nur verdunkeln lässt er sich, so dass nur noch seelische und leibliche Wünsche und Begehrungen zählen sollen.

Wendet sich die Seele dem Geiste zu, wird sie von diesem befruchtet werden können. Eine Hochzeit soll geschehen zwischen Seele und Geist, zwischen Braut und Bräutigam, damit daraus eine neue Welt erschaffen werden kann.

Die alte Stadt Babylon, die Geld-, Macht- und Sündentempel in vielen Städten dieser Erde, werden in der irdischen Welt im Abgrund, im Meer der Leidenschaften untergehen. Eine neue Stadt, das himmlische Jerusalem, wird aus der Verbindung des Geistes, des Himmels, mit der Menschheit hervorgehen können. Eine neue Erde, die von den „Schlacken" des Irdischen befreit ist, ist das Zukunftsbild, dem wir entgegenstreben dürfen.

Auf dem Wege dorthin wird es dann auch notwendig sein, einen anderen Umgang mit Besitz, Geld, Grund und Boden zu finden. Da gibt es heute vielerorts schon zarte Keime, die in die Zukunft weisen und wachsen können. Die alten Systeme und Machenschaften tragen nicht mehr in eine positive Zukunft. Das kann heute überall schon gesehen werden.

Alternative Geldsysteme müssen aber von einem anderen Bewusstsein getragen sein, auch, damit sie mehrheitsfähig werden können. Dies ist eine Frage des Denkens, aber vor allem auch eines moralischen Willens. Wollen wir weiterhin nur Geld für uns arbeiten lassen, also so, dass wir selbst nur wenig tun müssen? Wenn Geld einer neuen Geisteshaltung entspringen soll, muss es ein Ausdruck für einen neuen, sozialen Gestaltungswillen werden, mit dem wir zukünftig arbeiten können. Also nicht nur das Kauf- und Leihgeld ist dann wichtig, sondern vor allem auch das Schenkungs-Geld, mit dem geistige und kulturelle Tätigkeiten gefördert werden sollen. Für viele Reiche gibt es nur ein Heilmittel, dass sie nämlich ihr Geld dahin lenken, wo es geist- und sinnvoll eingesetzt werden kann. Letztlich zeigt sich darin eine moralische, also eine geistige Frage.

Welt, Geld oder Geist – dafür muss man sich entscheiden. Streben wir aufrichtig und wahrhaftig hin zum lebendigen, zum heilenden und impulsierenden Geist, zum heiligen Geist, so werden wir daraus Ideen und Ansätze empfangen, um die Welt und das Geld nach geistigen Prinzipien und Erkenntnissen gestalten zu lernen. Welt und Geld ohne schöpferischen Geist, führt dagegen in den Abgrund hinein.

Wir müssen zuvorderst also den Primat, das Wesentliche im Geistigen erkennen und nicht in der Welt, denn der Herrscher der Welt, der „Mammon", er will uns fesseln und versklaven, der göttliche Geist jedoch, er macht frei!

Den guten Geist erkennen, darauf kommt es heute vor allem an. Nicht dem Geist des Tieres anheimfallen, sondern den Geist Christi, den Geist des Menschlichen finden und ergründen, in uns und im Mitmenschen, in jedem von uns, darauf kommt es vordergründig an.

Wir leben in einer Schwellen- und damit in einer Entscheidungszeit, das kann heute jedem wachen Zeitgenossen klar werden und einleuchten, wenn wir nur die Zeitphänomene vorurteilsfrei betrachten wollen.

Auf was es heute vor allem ankommt, ist eine Erneuerung der Moral, eine Vertiefung des sittlichen Lebens durch Selbstlosigkeit, Selbsterziehung und Wahrhaftigkeit.

Christi Opfertat auf Golgatha war vollkommen selbstlos. Er tat dies aus reiner Liebe zur Menschenwelt. Will man seine Tat, sein Leben und Wirken ganz verstehen, muss man in die Schule der Selbstlosigkeit eintreten.

Im Materialismus geht die Selbstlosigkeit verloren, der Egoismus dagegen wird gemästet. Allein schon die Hinwendung an das Mysterium von Golgatha, dieses versuchen, gefühlsmäßig zu durchdringen, kann uns ein Stück weit von unserem Egoismus befreien. Die seelische Nachfolge, das Nach- und Miterleben seines Wirkens in den drei Jahren seiner Erden-Wirksamkeit, schafft mit an einer Kultur der Selbstlosigkeit.

Selbstlosigkeit heißt ja nicht, dass wir uns in Askese und Kasteiung üben müssen, dass wir uns nichts mehr gönnen dürfen. Eine Selbstlosigkeit im Intellekt, im Gefühl und im Eigenwillen kann Raum schaffen für eine höhere Moral, für höhere Werte, die immer stärker und wichtiger werden können. Dadurch verliert der Reiz der

Welt seinen Sog, weil wir Werte und Sinnzusammenhänge gefunden haben, die uns stärken, die uns erfüllen und die uns einfach viel wichtiger geworden sind als alles Geplänkel, als alle „Besitztümer" und Versuchungen, die die Welt nur bieten kann.

Eine Schule der Selbstlosigkeit kann sich heranbilden, wenn wir nicht nur ein verstandesmäßiges Begreifen des Mysterium von Golgatha bewerkstelligen, sondern mit ganzer Seele, mit ganzem Herzen, denn dann wird allmählich dieser Christus-Impuls, diese selbstlose Welten-Tat uns mehr und mehr durchdringen. Und dies bei allen offenen Menschen, weil der Christus nicht nur einer Nation, einem Volk erschienen ist, sondern weil er das hohe Sonnenwesen, das hohe Geistwesen ist, das der ganzen Erde und der ganzen Menschheit angehört. Er kann in alle Menschenseelen befruchtend und veredelnd hineinleuchten und darin weben, egal welcher Nation, Religion und welchem Geschlecht sie angehören.

Das Christliche ist nicht an eine „christliche" Institution gebunden. Viele freie spirituelle Strömungen wurden des öfteren in der Geschichte von einer Machtkirche bekämpft, verketzert und verfolgt; im „Mainstream" der heutigen Gesellschaft werden esoterisch-spirituelle Gruppierungen oftmals verlacht, verhöhnt oder totgeschwiegen. Doch der Geist weht bekanntlich wo er will. Nur offene Menschenherzen muss er finden, darinnen er sich offenbaren kann.

Geschichte, Gegenwart und Zukunft

Wenn man die frühe Geschichte des Christentums betrachtet, so wie sie uns überliefert ist, kann festgestellt werden, dass schon im Urchristentum, also bald nach dem Tod und der Auferstehung Christi, sich verschiedene Strömungen herausbildeten, wie die Arianer, die Nestorianer, die Gnostiker, die Neu-Platoniker und weitere, die oftmals verschiedene Glaubensvorstellungen entwarfen. Auch war in vielen Bereichen zur damaligen Zeit der Reinkarnations-Gedanke noch lebendig.
Im östlichen Hinduismus und Buddhismus ist er bis heute Grund-Überzeugung. Aber teilweise auch im Judentum, bei den Chassiden und in der Kabbala, spielt die Reinkarnation eine wichtige Rolle. Die platonische Philosophie in Griechenland ging ebenfalls von einer Reinkarnationslehre aus, wie eben auch die gnostischen Strömungen. Sogar in Teilen des Islam ist sie zu Hause.
In den Kirchenkonzilen der ersten Jahrhunderte gab es dagegen des öfteren einen fürchterlichen Streit, bis hin zu Verbannungen und Bestrafungen, welches Dogma und welche Lehre die richtige und wahre ist. Stammt Jesus direkt vom Vater ab und ist er eins mit ihm oder von wem kommt der Heilige Geist, vom Vater oder vom Sohn – solche theologischen Fragen bestimmten mehr und mehr das Kirchengeschehen, nicht mehr so sehr der Weg zu Christus selber hin. Von einer lebendigen und echten Christus-Nähe war man da schon abgekommen, vor allem, nach dem im römischen Reich das Christentum zur Staatsreligion erhoben wurde.
Ein kurzer Text aus dem vierten Konzil in Konstantinopel aus dem Jahre 869 n. Chr. soll diese Streitkultur verdeutlichen, da die entsprechende Glaubenshaltung bis heute in theologischen Kreisen noch bestimmend ist:
„Während das Alte und das Neue Testament lehren, der Mensch habe nur eine denkfähige und vernünftige Seele und alle gottesgelehrten Väter und Lehrer der Kirche eben diese Meinung bekräftigen, sind einige, auf die Erfindung des Bösen eingehend, zu solcher Frevelhaftigkeit herabgesunken, unverschämterweise den Lehrsatz vorzutragen, er habe zwei Seelen (eine unsterbliche Geist-Seele und eine niedere, auf das Erdenleben allein gerichtete Seele). Weiterhin versuchen sie, in gewissen unvernünftigen Bemühungen mit

Gelehrsamkeit, welche sich als töricht erwiesen hat, ihre eigene Häresie zu bekräftigen. Daher beeilt sich diese heilige und universelle Synode, diese nichtsnutzige Meinung, die da keimen will wie das übelste Unkraut, auszureißen. Und indem sie in der Hand die Wurfschaufel der Wahrheit trägt und die ganze Spreu einem unauslöschlichen Feuer übergeben und die Tenne Christi rein machen will, verflucht sie die Urheber und Vertreter dieser Gottlosigkeit und alle, die in diesen Dingen Ähnliches gelten lassen, mit lauter Stimme. Sie bestimmt und gibt bekannt, dass hinfort niemand in irgendwelcher Weise die Grundsätze der Urheber dieser Gottlosigkeit besitzen und bewahren dürfe. Wenn aber einer sich herausnehmen sollte, im Gegensatz zu dieser heiligen und großen Synode zu handeln, so sei er verflucht und ausgeschlossen vom Glauben und Kult der Christen" (Wikipedia/viertes Konzil von Konstantinopel).
Ist das die Sprache, die wir von Christus kennen oder ist es die Sprache der Macht und Rechthaberei?
Das Christentum ist ja nicht aus dem Nichts entstanden. Alle früheren Religionen und Geisteshaltungen waren Vorbereitungen, damit sich der Logos überhaupt in einem Menschen inkarnieren konnte. Ein spirituelles Christentum fängt daher nicht erst bei der Geburt Christi an und alles andere, alle früheren religiösen und spirituellen Betätigungen sind dann auch nicht nur die Werke der sogenannten „Heiden". Eine spirituelle Betrachtung der Geistesgeschichte, auf die hier leider nur sehr fragmentarisch eingegangen werden kann, lehrt und zeigt Folgendes:
Ein geistiger Strom, eine kleine Gruppe von auserwählten Menschen verließ unter der Führung des Manu, einem Eingeweihten und Menschheitsführer der Sonnen-Mysterien, den untergehenden atlantischen Kontinent und trug einen neuen „Sonnen-Geist-Impuls" von dort nach Inner-Asien, wo sich die erste nachatlantische Kultur herausbildete, die sogenannte urindische Kulturepoche. So eine Kulturepoche dauert etwa 2200 Jahre bis sie degeneriert und von einer anderen abgelöst wird. Danach folgte die persische Kultur unter der geistigen Führung des Zarathustra, dann die alt-ägyptische Kulturepoche unter Hermes-Thot und weiter die griechisch-lateinische Epoche und das israelitische Volk, das eine besondere Vorbereitung erfahren musste, so wie dies im Alten Testament verfolgt werden kann.
Melchisedek, der Priesterkönig der Gerechtigkeit, begann sich zum

Beispiel von Tieropfern abzuwenden, um statt dessen das Opfer von Brot und Wein zu zelebrieren. Später, bei den Essenern war es Jeshu ben Pandira, der das Kommen des Messias voraussagte, wie überhaupt das israelitische Volk auf den Messias wartete. Dieses Volk war damals durch seinen Erdenweg am weitesten fortgeschritten in der Entwicklung eines Ich. Dieses war bei den Israeliten am tiefsten im Irdischen, im Leiblichen angekommen, während andere Völker noch stärker dem Himmlischen, dem geistig Übersinnlichen beziehungsweise auch den Gruppenzusammengehörigkeiten, den Stämmen und Großfamilien zugetan waren, so wie diese mancherorts noch bis in unsere Tage hinein fortbestehen.

Daher konnte nur in dieses israelitische Volk der Christus-Einschlag, die Inkarnation des Gotteswesens in den Jesus von Nazareth geschehen. Durch das Mysterium von Golgatha, durch das Ausfließen des Blutes Christi in die Erdenwelt begann für diese eine neue Zeit.

Ein Mysterium, eine Initiation, nämlich die Auferweckung des Lazarus ereignete sich durch Christus in aller Öffentlichkeit. In früheren Mysterienstätten wurde alles Okkulte geheim gehalten und durfte nicht in die profane Welt gelangen, nur manche Einsichten daraus, um das Volk zu lehren und zu führen. Mysterien-Verrat wurde damals aber mit dem Tode bestraft; so geschah es dann auch dem Jesus Christus.

Joseph von Arimathia fing das Blut des Erlösers auf. Er war Handelsreisender und brachte den Abendmahlskelch mit dem Blut Christi, den Kelch des Gral, über Süd-Frankreich bis nach Groß-Britannien, wo er von den Kelten offenen Herzens angenommen wurde.

Ein Grals-Christentum nahm hier seinen Anfang, woraus sich später die Geschichten um König Artur, die Ritter der Tafelrunde, den Zauberer Merlin und die Suche nach dem heiligen Gral herausbildeten. Aber auch die iro-schottischen Mönche um Columban, Kilian und Gallus bildeten eine christliche Strömung, die sehr naturverbunden, einfach lebend und nicht-hierarchisch aufgebaut war.

In Rom verband sich jedoch das frühe Christentum mit dem römischen Cäsarentum, als das Christentum zur Staatsreligion im römischen Reich erklärt wurde. Da verband es sich also mit dem politischen Macht-Impuls zur römisch-katholischen Kirche, deren Kirchenlehrer Augustinus wichtige Weichen gestellt hat für die weitere Kirchengeschichte durch die darin enthaltenen Lehrmeinun-

gen, wie sie bis heute hinlänglich bekannt geworden sind und vom Vatikan immer noch vertreten werden. Hier urständen die kirchliche Sexual-Moral, das Verhältnis Mann und Frau und die Macht der Kirche, die ihre Dogmen als allein wahr und richtig erklärt.
Daraus entstammen dann auch die vielfältigen Ketzerverfolgungen der Katharer und Tempelritter, aber auch die Spaltungen zwischen Kirche und Staat, zwischen Papst und König, wie diese im zweiten nachchristlichen Jahrtausend stattgefunden haben. Aber auch die Reformation zeigt, dass Spaltungstendenzen weitergingen.
Der esoterische, spirituelle Strom innerhalb des Christentums, der Gral- und Templer-Impuls, die Rosenkreuzer und Alchimisten, der Bauherren-Impuls und die Freimaurer, sie wirkten nach den Angriffen in der Inquisition oftmals nur noch im Stillen und Geheimen. Ihr geistiges „Oberhaupt", ihr spiritueller Führer ist der auferweckte Lazarus, der Lieblingsjünger Johannes, der Schreiber des Johannes-Evangeliums und der Apokalypse. Geistesgeschichtlich tritt er später in Erscheinung unter dem Namen Christian Rosenkreuz.
Das evangelische Christentum wird mehr impulsiert und getragen vom paulinischen Geist, die katholische Kirche vom Apostel Petrus, dem Fels der Kirche, auf dem Christus seine Kirche aufbauen will. Ein johanneisches Christentum wird erst in Zukunft wirklich zum Tragen kommen, wenn die Einseitigkeit eines materialistischen Denkens erweitert worden ist, wenn die Seele sich bewusstseinsmäßig wieder einem geistigen Sein nähern kann.
In neuerer Zeit erstand aus der theosophischen Bewegung die Anthroposophie, die eine zeitgemäße öffentliche Mysterienschule inaugurierte und damit einen spirituellen Weg vermittelte, der ichhaft und selbsttätig einen erneuten Zugang in die geistige eröffnete. Diese Schule wurde jedoch mit Rudolf Steiners Tod wieder geschlossen. Nur ein gewaltiges Vermächtnis blieb davon übrig, mit dem die heutigen Menschen jedoch noch sehr viel „Wegzehrung" bekommen, um ein neues Christus-Verständnis sich erringen zu können. Darin ist das Mysterium von Golgatha das Zentral-Ereignis im Erden-Sein. Doch zuvor gab es schon drei Vorstufen dieser Mysterien, die sich in der geistigen Welt abspielten und zeigen, dass die Christus-Wesenheit vom Anfang bis zum Ende mit der menschlichen Entwicklung verbunden ist.
Eine erste Opfertat ereignete sich in der sogenannten lemurischen Zeit, als die Menschheit begann, sich auf der Erde in einem stoff-

lichen Leib zu inkarnieren. Unsere heutige Erde hatte in früheren Zeiten verschiedene Entwicklungszustände zu durchlaufen, ehe sie ihren heutigen Zustand erreichen konnte. Darauf kann hier aber nicht im Einzelnen eingegangen werden.

Bei dieser ersten Opfertat wurden damals die leiblichen Sinne durch das Einwirken der Christus-Wesenheit vor den widersacherischen Vereinnahmungen bewahrt, so dass wir heute „selbstlose" Sinne haben, die quasi auf ein Eigenleben verzichten, damit wir die Welt objektiv und neutral wahrnehmen können. Die zweite Opfertat geschah in der atlantischen Zeit, auch noch in übersinnlichen Welten, damit die leiblichen Organe selbstlos arbeiten können und die dritte Opfertat geschah in der späten atlantischen Zeit, damit die Gesamtheit des Seelischen bewahrt bleiben konnte, damit Denken, Fühlen und Wollen zusammenklingen und nicht jeder „Teil" etwas anderes bewirkt.

Und immer weiter beziehungsweise später in der nachatlantischen Geistesgeschichte, können wir ebenfalls Impulse von dem Sonnengeist, von Ahuro Mazdao in der persischen Kultur oder von Apollon im alten Griechenland erkennen, die auf Christus hinweisen, als er noch von der Sonnensphäre aus das Leben der Menschen begleitete. Selbst in Krishna in der vedischen Kultur ist etwas von diesem Geist anwesend gewesen.

Die Opfertat im Mysterium von Golgatha während der griechisch-lateinischen Zeit-Epoche bewirkte auch, dass eine Ich-Unordnung aufgehoben worden ist. Diese Opfertat fand bekanntlich in einer physischen Leiblichkeit statt. Eine Freiheit im Ich wurde dadurch möglich. Sonst wäre das Ich ein Spielball der elementaren äußeren, auch meteorologischen Kräfte beziehungsweise auch in Rassen- und Volkszwängen festgehalten geworden. So aber kann das Ich dirigieren und ordnen, es steht über seelischen und leiblichen Befindlichkeiten. Eine Selbstlosigkeit des Ich ist möglich – bis hin zum: „Nicht ich, der Christus in mir". Dafür wurde der Keim gelegt, wie auch für den Auferstehungsleib, für einen geistig-physischen Leib, den die Menschheit sich in ferner Zukunft ebenfalls aneignen können wird. Diesen „Geistesmenschen" muss der Mensch aber allmählich selbst ergreifen und entwickeln, die Grundlagen sind gelegt, ein „Prototyp" ist durch Christus geschaffen. Er ist von da an das Urbild und das Ziel für die weitere Entwicklung des Menschenwesens, da der „gefallene Mensch" beim sogenannten Sündenfall allmählich

seinen göttlichen Ursprung, sein „Ebenbild Gottes" verloren hatte.
Ein freies und selbstloses Ich ergreift man vor allem in seinem intellektuellen und moralischen Wesen. Das ist die Aufgabe der sogenannten Bewusstseins-Seele, die in unserer Zeit ausgebildet werden soll. Sie wird unter anderem gestärkt durch die Andacht und der Dankbarkeit gegenüber den Opfertaten des Christus. Die Bewusstseinsseele geht über ein verstandesmäßiges und intellektuelles Denken hinaus, in dem sie die wirkenden Kräfte des Denkens erforscht und erkennt. Dadurch wird das Denken, wie überhaupt das gesamte Seelenleben zu einem Organ, mit dem in die nichtsinnlichen Welten eingedrungen werden kann. In und durch die Bewusstseinsseele erfasst sich der Mensch als eine geistiges Wesen, das seinen Grund nicht im Leiblichen und Seelischen, sondern im Unvergänglichen, im Unzerstörbaren, im Ewigen hat.

Jedoch, die Bewusstseinsseele hat sich auch mit den Todeskräften auseinander zu setzen, die heute verstärkt die Welt durchziehen. Eine Auferstehung, eine Geistvermählung, kann es ohne vorherigen Tod nicht geben. Auch keine Auferstehung der Mysterien. Gerade auch der Apostel Paulus hat immer wieder darauf hingewiesen, dass der alte Adam, der niedere Mensch überwunden werden muss, damit ein neuer Adam, der höhere Mensch, der Christus in uns geboren werden kann.

Im dritten Jahrtausend muss die Zwei, muss der Geist der Spaltung überwunden werden. Das Verbindende ist zu suchen, auch zwischen Religionen und Geistesströmungen. In Wladimir Solowjews Schrift: „Kurze Erzählung vom Antichrist", wird geschildert, wie erst der Zusammenklang von Petrus, Paulus und Johannes, also die katholische, die evangelische und eine zukünftige orthodoxe Christenheit genügend Kraft haben wird, um dem Antichristen standhalten und entgegentreten zu können.

Eine neue christliche Religiosität, die das Spirituelle, das Übersinnliche mit einbezieht, wird zum Alten und Neuen Testament auch die Apokalypse, die Enthüllung des Geistigen, mit einbeziehen müssen. Die Sendschreiben, die Siegel, die Posaunen und die Zornesschalen darin, sie sind Äußerungen der geistigen Welt, sie enthüllen ein fortwirkendes sich Entäußern, eine Offenbarung der Christuswesenheit selbst. Diesen Offenbarungen und Näherungen sollten wir ichbewusst und frei entgegengehen, sie zu erkennen versuchen, denn darin drückt sich letztlich die Liebe Gottes aus, die zur menschlichen Seele sprechen will. Nur verstehen wir die Sprache Gottes oftmals nicht mehr richtig, so auch meistens die Apokalypse nicht. Sie wird dadurch zumeist als etwas Negatives, Schlimmes, als göttliche Strafe oder ähnliches gesehen. Gott straft aber nicht. Er gießt seine Liebe, seine Worte, seine Bilder aus, damit wir uns daran ausrichten können. Nur wenn wir sein Bemühen nicht annehmen, seine Urbilder nicht verwirklichen, verkehren sie sich ins Negative, da die Gegenmächte darauf warten und auch zugelassen sind, um die Menschen so lange zu peinigen, bis sie in Freiheit und eigener Erkenntnis die richtigen Schlüsse für sich ziehen.

Ein neuer Grals-Impuls kann sich offenbaren, wenn wir Menschen einen Tempel bauen, zunächst im Inneren, in der Seele. Jedoch, nicht nur die menschliche Seele, die Erde selbst ist der Tempel für den Christus-Geist. Die Menschheit wird sich dereinst in Frieden und in Freiheit um einen „Altar", um einen Tisch versammeln, der als Opferstätte für die menschlichen Egoismen, Zerwürfnisse und seelischen Abgründe errichtet werden soll, im Menschen selbst und dann auch im Weltgeschehen. Noch zeigen aber die Zeitereignisse Krieg, Krankheit, Egoismus und den Kampf um Geld und Macht. Doch der Geist des Friedens und der Einheit ist letztlich nicht zu besiegen. Der Gral liefert dafür ein Urbild, das es zu verwirklichen gilt.

Im frühen Mittelalter war der Gral noch in Europa anwesend, eine einfache und gottergebene Seelenhaltung, aber auch ein traumhaftes Fühlen der übersinnlichen Welten aus Geistern, Feen, aus Magiern, Göttern und Naturwesen durchzog damals noch die Seelen der Menschen in den damaligen europäischen Ländern, so wie dies in den vielfältigen Erzählungen um den heiligen Gral zu finden ist. Durch den aufkommenden Materialismus konnte der Gral, der Kelch mit dem Blute Christi, hier nicht mehr verweilen und zog in den fernen Osten, zum Priesterkönig Johannes, in das sagenumwobene Land Shamballa. So und ähnlich erzählen dies die vielen Geschichten, die sich im Mittelalter um den Gral ranken. So gibt es auch in vielen Gegenden der Erde Erzählungen von diesem verheißenen Land. Zum Beispiel von der geheimnisvollen Insel Avalon oder in der Legende von der unsichtbaren Stadt Kitesh im Russischen oder der geheimen Grals-Burg Montsalvach oder eben dem verborgenen Shamballa. Darin sind uns Hinweise mitgegeben, wie sich zukünftig wieder eine reine Seelen-Aura ausbilden kann, in der sich der Gral erneut offenbaren wird.

Ein kosmisches Christentum verweist vor allem auf die zukünftige Aufgabe der Aussöhnung von männlichen und weiblichen Prinzipien, die ja im sogenannten Kampf der Geschlechter immer noch für große Ungerechtigkeiten und Zerwürfnisse sorgen. Das Ewig-Weibliche und das Ewig-Männliche gilt es dabei aufzuspüren.
Das Weibliche, das Mütterliche beziehungsweise auch das Mondenhafte, der Osten ist mehr hingebend, empfangend, weise und gütig.
Das Männliche, das Väterliche beziehungsweise das Sonnenhafte, der Westen ist ichhaft und schöpferisch agierend.
In der Vermählung dieser Polaritäten von Sonne und Mond wird das Kind gezeugt, in Liebe, in und aus der „Mitte"; also wird gezeugt der „Christus in uns", das himmlische Kind beziehungsweise auch das höhere Selbst.
Über dem Osten und dem Westen, über der Erde leuchten die Sterne. Sie verbinden die „Gegensätze", sie verbinden und erhöhen Sonne und Mond. Sie sind aber nicht so leicht zu greifen, zu verstehen und zu definieren. Die Sternenkönigin, die himmlische Weisheit, das ist Sophia. Sie führt ein spirituelles Christentum in die Zukunft, in ein neues Zeitalter hinein, in das Zeitalter des heiligen Geistes, so wie es der Abt Joachim von Fiore um das Jahr 1200 n. Chr., also schon vor langer Zeit zum Beispiel in seiner Schrift: Vom Reich des Heiligen Geistes, verkündet hat.
Sonne, Mond und Sterne – zusammen bilden sie das Symbol des Gral wie auch das des himmlischen Weibes in der Apokalypse, also dem Urbild der Seele, der Urmutter, der Ur-Seele und somit eben auch dem ewig Weiblichen. „Das Weib mit der Sonne begleitet, den Mond unter ihren Füßen und die Sterne über ihrem Haupt".
Das ewig Männliche kann in Christus gesehen werden. Dreifach ist sein Wesen: die kindliche Reinheit, das kindlich liebende Wesen, dann das Opferlamm, der leidende, selbstlose Mensch und schließlich der Auferstandene, der kosmische Christus, der Schöpferlogos der Welt.
Diesen Urbildern dürfen wir uns zuwenden. Darin offenbart sich eine spirituelle Zukunft des Christentums. Aus der Vermählung des Ewig-Weiblichen, der Ur-Seele, der Braut mit dem Ewig-Männlichen, dem Logos-Geist, dem Bräutigam, erwächst eine neue Stadt, das himmlische Jerusalem beziehungsweise eine neue Erde, die aus verwandelten Menschen-, Erd- und Himmelskräften gebildet wird.
Was sich aus der Vermählung von Seele und Geist im Menschen

gebären will, ist des Menschen höheres Ich. Dieses ist über alle menschlichen Eigenheiten und Einseitigkeiten erhaben. Es ist unabhängig von Geschlecht, Nation und Religion. Darin liegt unsere Zukunft begründet.

„In Schmerzen werdet ihr gebären". Die Geburt des höheren Seins, des höheren Ich beziehungsweise auch die Wiederkunft Christi „auf den Wolken" wird aber von vielen Angriffen und Wehen begleitet sein, individuell wie auch menschheitlich gesehen. Die Wolken sind dann auch ein Bild für die stürmischen Ereignisse, hinter denen erst die Sonne, das Geisteslicht erscheinen kann. Und sie sind ein Bild für die ätherischen Lebenskräfte der Erde, also für die feinstoffliche Lebenssphäre, in der Christus sich offenbaren kann. Paulus wurde bei der Christus-Erscheinung in Damaskus der „Erstling", der diese Wiederkunft vorzeitig erleben durfte. Seit dem letzten Jahrhundert konnten immer mehr Menschen eine direkte Begegnung mit dem wiederkommenden Christus, mit dem Menschensohn erfahren. Das bezeugen viele Berichte, auch in neuerer Zeit.

Christus trägt unser höheres Wesen in sich und will es uns Menschen einverleiben. Nur bereit machen dafür müssen wir uns selbst. Auf seine Wiederkunft dürfen wir uns erwartungsvoll und freudig einstellen. In welcher Form er sich offenbaren wird, müssen wir aber ihm überlassen. Auf jeden Fall wird sich dadurch einiges in uns verändern wollen, individuell womöglich ganz verschieden, auf unser persönliches Leben abgestimmt.

Diese Gedanken müssen hier als eine kurze Einführung in ein spirituelles Christentum genügen. Mir ist bewusst, dass dies nur ein erster Anfang sein kann, denn das Christuswesen ist so schnell nicht zu verstehen, geschweige denn in einigen Zeilen niederzulegen.

Versuchen wir dies hier Dargestellte aber nicht nur verstandesmäßig zu begreifen, sondern mit ganzem Herzen, mit ganzer Seele zu durchdringen, so wachsen wir in eine Zukunft hinein, in der die Einflüsse aus der geistigen Welt immer größer und wahrnehmbarer werden können. Die großen Geschehnisse kommender Zeiten werden sich in allen Welten und dann auch in der physischen bemerkbar machen. Wir haben durch ein spirituell erweitertes Christentum die Möglichkeit, die heutigen und die kommenden Zeiten besser verstehen und in einem großen Ganzen besser einordnen zu können. Das, was wir uns heute geistig auf der Erde erringen, das kann nur hier errungen werden. Und das Verständnis für das Mysterium von

Golgatha und die Wiederkunft Christi, die bereits begonnen hat, es trägt dazu bei, dass auch in der geistigen Welt, im Nachtodlichen und in der Vorbereitung auf eine zukünftige Inkarnation geistige Früchte und Errungenschaften reifen, die dann zu gegebener Zeit auch im Erdensein zum Tragen, zum Fruchten kommen können. Nur die „Samenkörner", sie müssen schon heute, hier in der physischen Welt gelegt und ausgesät worden sein.
Dafür mögen die hier dargelegten Gedanken eine Anregung und eine Hilfe sein.

Ein Nachwort

Die vorigen Kapitel können nur einen ersten Einblick in ein spirituelles Christentum anbieten. So wie der Christus Jesus dies selbst ausgesprochen hat, dass alle Bücher der Welt nicht ausreichen würden, um alles erfassen zu können, was darin verborgen liegt. Nur kleine Mosaiksteine sind es, die von Zeit zu Zeit auftauchen und an einem Gesamtbild weiterarbeiten können.
Niemals lässt sich das Christus-Wirken auf Dogmen, Normen und Verhaltensregeln beschränken. Christus ist so unermesslich weit und groß, dafür haben wir noch lange kein ausreichendes Bewusstsein. Daher sollten wir uns hüten, das Göttliche beschränken zu wollen. Gott setzt man keine Grenzen. Nur dankbar und demütig dürfen wir sein, wenn uns wieder einmal etwas Neues aus seiner reichen und großen Welt aufgegangen ist.
Schon das irdische Dasein bietet solch eine Vielfalt an reichhaltigen Schätzen und Wundern der Natur, wie dann erst in den Lebenssphären, in den jenseitigen Welten der Verstorbenen, in seelisch-astralen Welten und erst recht in den geistigen Sphären, in denen die Engel-Hierarchien wirken. Und schließlich in den göttlichen Reichen selbst, in den Himmeln, von denen wir uns schon gar keine Begriffe und Vorstellungen mehr bilden können.
Doch innerlich hinbewegen und uns von diesen Welten durchströmen und impulsieren lassen, dürfen wir uns allemal. Dann wird jede Religion und jedes Handeln, auch in der Welt, spirituell. Das innere

Erleben, die innere Herzens-Vereinigung mit dem Göttlichen ist entscheidend, nicht so sehr die äußeren Regeln, Verhaltensweisen und Dogmen. Zur Quelle müssen wir hingelangen, dies will der spirituelle Weg erreichen. Je weiter wir von dieser Quelle entfernt sind, um so größer ist die Gefahr eines Glaubensstreites, eines theologischen Versuches, das Göttliche verstehen und begreifen zu wollen. Besser ist es daher manchmal, sich in die Stille zu versenken, einen Raum in sich zu schaffen, in den das Göttliche sich einleben kann. „Christus in uns". Das ist die magische Formel, die bewirken kann, dass das Christuslicht, die Christusliebe und das Christuswort in uns zu leben beginnen kann, um von da aus alles Sein allmählich verwandeln und erhöhen zu können.

Das Mysterium von Golgatha spielte sich noch ohne das Zutun, meist ohne inneres Miterleben der damaligen Menschen ab. Die Wiederkunft Christi braucht jedoch das Mitwirken von Menschen, denn bevor der Geist im Menschen erwachen kann, wie dies urbildlich im Pfingstereignis ersichtlich wurde, muss eine Auseinandersetzung mit dem Bösen stattgefunden haben, so wie dieses in der heutigen Welt überall in Erscheinung tritt. Das Alte, auch eine alte Geistigkeit muss sterben, damit sich eine neue Geistigkeit ausbilden kann, so wie diese Johannes auf Patmos erleben konnte.

Die alte Geistigkeit der Prophetie war ekstatischer Natur. Die neue apokalyptische Geistigkeit kann nur aus wacher Ichhaftigkeit geboren werden. Der Heilige Geist wird im innersten, ichhaften Wesenskern des Menschen zur Quelle von Offenbarungen, die als Erkenntnisse auftreten, die sich der Mensch selber erringt. Der Mensch wird vom Geist befruchtet, aber nicht mehr so, dass er davon überschwemmt wird, sondern so, dass diese Geistimpulse aus seinem eigenen Wesen hervorgehen. Doch davor müssen innere Widerstände und das Ringen mit den Widersachern, mit den Mächten des Bösen überwunden sein, die uns immer davon abbringen wollen, mit dem lebendigen Geist in eine Berührung, in eine innere Einheit zu treten. Doch der Glaube, die Liebe und die Hoffnung, sie sind stärker als alle Anfechtungen; sie können uns immer wieder mit dem Heiligen Geist verbinden.

Dies wird aber nicht mit einem mal zu schaffen sein, denn eine geistige Übung und Erkraftung im Glauben und in der Liebe braucht seine Zeit. In einem Leben ist dies vielleicht gar nicht zu schaffen. Daher dürfen wir auch immer wieder in einem neuen Erdenleben mit

einer neuen Umgebung und neuen Schicksalsaufgaben an diesem großen Ziel weiter arbeiten – an der Vergöttlichung des Menschen durch und im Einklang mit der Christus-Wesenheit, damit Mensch und Gott zusammenkommen, sich vermählen können. Dies ist christliche Verheißung, dies ist Welten-Wille und Welten-Ziel.
Gott wurde Mensch und Mensch wird Gott, wird vergöttlicht sein. Die Kluft zwischen dem Göttlichen und dem Menschen wird einmal überwunden sein.
So darf ich zum Abschluss nur noch danken, den Genien, die mich zu diesen Ausführungen inspiriert haben, da ich diese Schrift größtenteils ohne Vorbereitung, ganz aus dem Spontanen, aus der Intuition geschrieben habe. Und ich danke dem geneigten und wohlwollenden Leser für seine Anteilnahme und wünsche ein fruchtbringendes Beherzigen der hier dargelegten Anregungen.

Franz Weber, in der Osterzeit 2016

Literaturverzeichnis

Zur Vertiefung sind hier noch einige Schriften genannt, die ich während des Verfassens dieser Schrift teilweise gelesen habe und daher hier und da etwas daraus eingeflossen sein mag.

Emil Bock: Apokalypse
Judith von Halle: Die Templer Band 1
Rudolf Steiner: Das Ereignis der Christus-Erscheinung in der ätherischen Welt
Nerval: Die Königin aus dem Morgenland
Ronald Göthert: Feinstoff Nahrungs Berater
Georg Canal: Geisteswissenschaft und Ökonomie
Friedrich Häusler: Geld und Geist
Uwe Burka: Eine zukunftsfähige Geld und Wirtschaftsordnung für Mensch und Natur

Vom Verfasser der vorliegenden Schrift sind noch weitere Werke erhältlich. Hier eine Auswahl:

- Auf dem Weg zum Gral
- Partnerschaften im Lichte eines spirituellen Christentums
- Aufbruch zur Dimension der Tiefe
- Ich und Welt – Mensch und Gott
- Tarot – Die großen Arkana im Lichte der Hermetik
- Auf dem Weg zu Gott
- Europa – wohin?
- In der Einheit liegt die Kraft – Religion, Kunst und Spiritualität
- Wege zum Heil – Aspekte zur Heilung von Mensch, Erde und sozialer Welt
- Zeit zur Umkehr – Zeitgemäße Forderungen und spirituelle Wege zur Überwindung von Materialismus und Egoismus
- Welten-Dramatik – Erkenntnishilfen in apokalyptischer Zeit

Bei näherem Interesse schauen Sie bitte auf meine Website: www.perceval-institut.de